Unsere tägliche Dosis Prostitution gib' uns heute...
- Wie wir uns Tag für Tag verkaufen -

von Nico Piehl

Kontakt: © 2019 Nico Piehl
Reumtengrüner Straße 17
08209 Auerbach/ Vogtland

Herstellung und Verlag:
BoD- Books on Demand, Norderstedt
ISBN: 9783748182016

Inhaltsverzeichnis:

1. Vorwort:

Prostitution gilt Vielen zu recht als negatives Phänomen. Nicht selten werden insbesondere moralische wie normative[1] Vorbehalte gegen diesen Berufsstand ins Feld geführt – doch ist dies nicht ein Widerspruch? Zum einen erfolgt eine gesellschaftliche Tabuisierung und damit einhergehend Jener, welche diese Dienstleistung in Anspruch nehmen. Zugleich verkauft sich ein jeder von uns tagtäglich und das von Kindesbeinen an. Ob in der Schule, dem beruflichen Umfeld, in Konkurrenz mit den Kollegen, im Freundeskreis mittels ‚social media'[2], es findet ein permanenter Wettkampf um die besten Erinnerungen und die meisten Likes statt, oder es geht gar um die Frage, welcher Rentner sich welche Pflege geschweige denn welche Form der Bestattung leisten kann.

---

[1] **normativ**: Eine Regel, die einen gewissen sozialen wie gesellschaftlichen Standard abbildet.

[2] ‚**social media**' (englisch) für soziale Netzwerke wie Facebook, Twitter und Co.

Nachfolgend sollen anhand der schematischen Lebensmomente eines Menschen die einzelnen ‚Stadien' - wie ich sie nenne - der alltäglichen Prostitution nachgezeichnet werden, vom Beginn der Kindheit, über die Jugend bis hin zum Ableben eines Menschen. Mir geht es hierbei keinesfalls um eine wie auch immer geartete Verharmlosung bzw. Bagatellisierung von Prostitution! Es steht für mich nicht zur Diskussion, dass dieses ‚Gewerbe', richtigerweise, ein solch negativ-konnotiertes[3] Image hat und die Ausbeutung von Männern wie Frauen, zum Zwecke des eigenen Lusttriebs nicht zu rechtfertigen ist.[4] Und doch möchte ich jeden Leser kritisch mit der Frage konfrontieren, ob dieses Verhalten nicht halbherzig ist. Warum neigen wir dazu, diese Handlungen moralisch in Frage zu stellen, wo wir doch täglich exakt das Gleiche tun und zwar von Anfang bis

---

[3] **konnotiert**: eine sprachliche Nebenbedeutung, hier: mit Prostitution verbundene negative ‚Werte' wie Ausbeutung, fehlendes moralisches Gewissen etc.

[4] Hiermit stelle ich keineswegs den durchaus denkbaren, emanzipativen Charakter einzelner Fälle in Frage, insofern Prostitution auch als Mittel der Emanzipation zur Selbstbestimmtheit der Frau betrachtet werden kann.

Ende unseres Lebens? Ist es nicht nur folgerichtig, wenn wir uns auch selbst in den Blick nehmen, anstelle wir lediglich Moral und Anstand, Sitte wie Tugend im Anderen gelebt sehen möchten?

Dieses Buch liefert gewiss keine allseits gültigen Antworten auf all die hier aufgeworfenen Fragen, aber es soll dazu beitragen eine Debatte anzuregen, ob eine solche Doppelmoral nicht der eigentliche Skandal im Alltag jedes Einzelnen von uns ist.

2. Stadien der täglichen ‚Prostitution:'

Der von mir betrachtete Prozess fängt bereits an, noch bevor der Sprössling das Licht der Welt erblickt hat. So werden bereits mit der Namensgebung gewisse ‚Erwartungen' respektive Mutmaßungen an das Kind herangetragen. Ein Beispiel: Nehmen wir an, dass Kind soll den Namen Kevin bekommen. Schon allein diese Absicht, geäußert beispielsweise im engsten Freundeskreis, gibt den werdenden Eltern den Rat, besser einen

anderen Namen zu wählen, da ‚Kevins‘
Weg sofort fest zu stehen scheint. Er wird
gewiss Karriere machen, jedoch mit dem
Ergebnis, dass sein Werdegang lediglich
nach ‚Unten‘, in den sozialen Abstieg
führt. Nicht selten wird dem Namen Kevin
(gleiches gilt für dessen Pendant[5] Ronny)
fehlendes Sozialverhalten unterstellt. Er
wird also unfähig sein, sich
gesellschaftlich zurechtzufinden und
einzig für ‚einfache Arbeit‘ brauchbar
erscheinen. Diese, keinesfalls selten zu
Tage tretenden theoretischen
Charakterzüge, bringen die Eltern dazu,
sich unter Umständen anders zu
entscheiden. Was ist dieser Fall anderes
als sozialer Druck, welcher mit dem
Hintergrund stattfindet, dass Kevin sich
(aufgrund seines Rufes als Solcher) nicht
im Wettstreit mit anderen Kindern (später
Erwachsenen) beruflich wie
gesellschaftlich wird behaupten können!
Bereits hier tritt diese ‚Prostitution‘,

---

[5] **Pendant (französisch):** das Gegenstück zu etwas, hier: in Ostdeutschland
der Name Ronny, welcher häufiger vergeben wird, aber gleichsam negativ
behaftet ist.

nämlich der Verkauf des Menschen als Ware (über seine noch zu entwickelnden Fähigkeiten), zu Tage.

Auch dem Neugeborenen geht es indes nicht besser. Kaum auf der Welt, schon tritt es in einen ‚Wettstreit der Mütter und Großmütter' ein. So beginnt alsbald die Frage unter den frischgebackenen Eltern und Anderen darüber, welches Kind denn jetzt eigentlich das Süßeste unter den Kandidaten ist. Schwere Geschosse werden aufgefahren, ob nun in Form möglichst einzigartiger Kleidung, dem Kinderwagen mit diversen technischen Raffinessen [6] oder einer Unmenge von Spielsachen. Hier tritt sie nun zum ersten Mal in Erscheinung, die Welt der Social Media. Mit Hilfe dieser Netzwerke wird nun der geografische Rahmen des Wettbewerbs erheblich erweitert. Nun geht es nicht mehr um den sichtbaren Konkurrenzkampf mit den Nachbarn, sondern jetzt können alle Nutzer des Netzwerks die Schönheit meines Kindes

---

[6] **Raffinesse** (französisch) für eine besondere Ausstattung o.Ä.

beurteilen. Je mehr Likes[7] man bekommt, umso besser das Selbstwertgefühl und desto größer ist die Bestätigung, dass das Kind der oder die Schönste ist. Das ich somit ein weiteres Mal mein Kind gewissermaßen veräußere, der Netzgemeinde ‚anbiete' und mir erhoffe, dass es möglichst stark ‚nachgefragt' wird, ist schon Nahe an dem, was eingangs mit dem Begriff des körperlichen Verkaufs eines Menschen bezeichnet wurde.

2.1 Die Kindheit – Kindergarten:

Schon in dieser Zeit erfolgen erste gedankliche Experimente über die Zukunft des Kindes und dessen spätere Entwicklung. Wächst das Kind beispielsweise zweisprachig auf? Hat es in jungen Jahren bereits erkennbare, einzigartige Fähigkeiten, wie das Zeichnen, erste Anzeichen logischen Denkens oder ein Talent für einen bestimmten Sport oder eine Kunst? All

---

[7] **Like:** ein Zeichen der Zustimmung auf sozialen Medien zu einem bestimmten Inhalt oder Thema

diese Punkte können dazu beitragen, dass schon die Kindheit mit einem gewissen Grad an Druck beginnt, aus dem Talent eine Berufung erwachsen zu lassen. Der Blick auf die spätere Konkurrenzsituation des Sprösslings fördert ein solch kategoriales Verständnis von Begabung.[8] Diese zielt einzig darauf ab, im Haifischbecken des immanenten Wettkampfes bestehen zu können. Davon ausgenommen ist sicherlich der wünschenswerte Fall einer freien kindlichen Entwicklung, innerhalb derer das Kind selbst seine Fertigkeiten und Freuden zu entdecken weiß und von elterlicher Seite keinerlei Zwang (auch psychologisch) ausgeübt wird, jedoch zweifelsfrei die Ausnahme vom wirtschaftlich orientierten Lebenszyklus unserer Gesellschaft darstellt. In diesem Zusammenhang kann sich ebenso eine äußerst gefährliche Entwicklung einstellen – man projiziert eigene Träume und

---

[8] **kategoriales Verständnis von Begabung:** Die Begabung dient einzig dem Zweck, im Berufsleben sowie dem Arbeitsmarkt möglichst unverwechselbar zu sein.

Wünsche auf das Kind! Die Gefahr besteht in zweierlei Hinsicht: Erstens wird mit der Sehnsucht eigens verfehlter Ziele auf das Kind zu übertragen, diesem jedweder Freiraum zur Entwicklung und Umsetzung eigener Ziele, Wünsche und Träume genommen. Es durchläuft den Prozess der ‚Veräußerung' des Ichs in beschleunigter Art und Weise, in dem es noch nicht einmal die Chance erhält zu fragen ‚*Was möchte ich? Wer bin ich?'* Stattdessen kommt einzig jener Effekt zum Tragen, das Kind zu einer idealisierten Kopie des eigenen Ichs zu transformieren. [9] Diese Form der besonderen Knechtschaft - man findet sich einerseits stets mit der Idiotie[10] des eigenen Scheiterns in Gestalt des Kindes konfrontiert und unterwirft dieses zugleich seiner ‚Logik' und Sichtweise eines perfekten Lebens – kann man mit Recht als eine der wohl moralisch, als auch menschlich Widerwärtigsten betrachten!

---

[9] **transformieren**: Synonym für jmd. in etwas zu verwandeln (hier: Abbild eigener Träume)
[10] **Idiotie**: große Dummheit, widersinniges Verhalten

Doch selbst, wenn man sich auf die Talente, die man im eigenen Sprössling zu erkennen und gleichfalls zu fördern müssen glaubt, begrenzt, so dienen jene Fertigkeiten, doch weniger dem Spaß und der Unterhaltung, dem Ausgleich des Kindes, als vielmehr um seiner späteren Verwertung, insofern ihm diese in beruflichen Auseinandersetzungen von Nutzen sein werden, oder den Eltern zu wechselseitiger Konkurrenz. Nun ist es nicht primär das Aussehen, über das man mit den Menschen weltweit im ‚Netz' um das Hübscheste unter allen Kindern dieser Sonne wetteifert, sondern mit den Nachbarn um das scheinbar ‚Talentierteste' unter ihnen. Natürlich lässt sich auch hier einwenden, dass die sozialen Medien an dieser Stelle ebenso wirken können, um den Radius des Wettkampfs erheblich zu vergrößern. Das Prinzip, sich selbst und damit auch das Kind über den Erfolg zu definieren und mit ihm - gleich einem Statussymbol -

hofieren[11] zu können, bleibt gleich. Dieser Prozess färbt selbstredend auch auf das betroffene Kind ab, das von diesem Moment an, sein Seelenheil von den Bewertungen seiner Umgebung abhängig macht und sich in den Dienst eines lebenslänglichen Konkurrenzkampfes stellt. Das insbesondere die sozialen Netzwerke den Drang hin zu einer ständigen Wettkampflogik[12] unter Kindern und Jugendlichen möglich machen, wird spätestens mit Beginn des Grundschulalters sichtbar.

Doch auch die Wahl der Kindertagesstätte ist keineswegs so banal, wie man vielleicht zu denken geneigt wäre. Vielmehr sehen sich auch hier die Eltern einer großen Anzahl an Kriterien gegenüber, die ihrem Kind die möglichst ‚idealen Bedingungen' für die Entfaltung der eingangs beschrieben Fertigkeiten bieten sollen. Angefangen mit der Anzahl der Betreuer*innen, über deren

---

[11] **hofieren**: mit einem Gegenstand oder einer Person um Anerkennung werben
[12] **immer präsente Wettkampflogik**: Streit um die besten Ereignisse, die größten Erinnerung, die meiste Anerkennung durch Andere – ständig verfügbar zu sein (über Handy etc.)

Qualifikationen, bis zum Preis für eine Unterbringung. Hierbei ist insbesondere Letzteres ins Auge zu fassen, denn hier findet eine erste Selektion[13] zwischen den Kindern ärmerer und jener finanziell besser gestellter Familien statt. Sicher kann man einwenden, dass mit dem gesetzlichen Anspruch auf einen Kita-Platz eine solche Praxis gebannt werden könnte, aber ist sie das denn realiter?[14]

Zu guter Letzt sei auf die Problematik mit vermeintlich ‚aufmerksamkeitsdefizit-belasteten' Kindern verwiesen. So wird jedwede Abweichung von der als Norm betrachteten Verhaltens eines Kindes - *‚Welch' Schande, dass Kind könnte gar zu einzigartig für unsere Gesellschaft sein!'* Das Kind wird sofort als aufmerksamkeitsdefizitär gebrandmarkt und folglich dem Zwang einer therapeutischen Behandlung (z.T. auch medikamentös) unterzogen! Ich behaupte: die wenigsten dieser Kinder haben tatsächlich ein Aufmerksamkeitsdefizit,

---

[13] **Selektion**: Auswahl nach bestimmten Kriterien (hier: Geld der Eltern)
[14] **realiter** (lateinisch): in Realität, in Wirklichkeit

aber es ist natürlich viel stressfreier, potenziell unruhestiftende, da spontane Kinder jener Eigenschaft zu berauben, anstelle diese zu fördern! Auch hier ist eine ,Funktionslogik' am Werk, welche sich tief in die pädagogischen Lehrwerke gegraben hat und am Ausverkauf des Menschen einen nicht gerade geringen Anteil trägt.

2.2 Die Kindheit – Grundschule:

Auch im Bereich des Grundschulalters lassen sich diverse Bezüge zur Veräußerung des Menschen ausmachen, die sich, wie später deutlich wird, durch eine zunehmende Intensität auszeichnen. Zunächst möchte ich hier auf den Aspekt der Notengebung zu sprechen kommen, die mitunter die problematischste Form der Veräußerung ist. Das ein wie auch immer gearteter Bewertungsmaßstab nötig ist, um letztendlich die ,Fertigkeiten' zu beurteilen ist nicht der springende Punkt – egal ob nun in Gestalt von Zahlen oder schriftlichen Bewertungen. Das für mich entscheidende Moment ist die Verknüpfung von Noten mit der Intelligenz einer Person, die einzig und allein auf dessen spätere ‚Verwertung' im beruflichen Alltag abzielt. Noten, wie bereits geschildert, sind lediglich Zahlen; Zahlen die in Form stupider Wissensabfragen (zumeist durch Auswendiglernen) zustande kommen. Diesen liegt unweigerlich zugrunde, innerhalb bestimmter ‚Bahnen' zu wirken, das heißt nicht abfragen inwiefern hat Schüler A das Vermittelte tatsächlich verinnerlicht, sondern inwieweit er in einer gewissen Zeitspanne das ‚Gelernte' wiederzugeben vermag. Hierbei ist besonders bezeichnend, dass Kreativität im derzeitigen Schulalltag quasi obsolet[15] geworden ist. Was meine ich damit? Die Bewertung von Aufgaben, beispielsweise aus der Mathematik erfolgt nicht vor dem Hintergrund, dass man mit originellen Ideen punkten kann! Vielmehr gibt es starr festgelegte Raster, die klar zu definieren

---

[15] **Obsolet** bezeichnet eine Sache oder Fähigkeit, die nicht mehr nötig ist bzw. nicht mehr gebraucht wird.

scheinen, ab wann jemand richtig oder falsch liegen kann. Kann man in den Naturwissenschaften diesen Umstand noch mit einer gewissen Logik (eine Rechenaufgabe hat nur ein Ergebnis) rechtfertigen, so ist dies bei allen geisteswissenschaftlichen Fächern, wie Deutsch, so gut wie unmöglich, worauf im nächsten Abschnitt Bezug genommen wird.

Festzuhalten ist der traurige Zustand, dass Noten über die Intelligenz eines Menschen scheinbar valide [16] Aussagen treffen können, was jedoch keineswegs so ist, da, wie bereits gezeigt, es sich lediglich um das Hervorholen von gelerntem Stoff, nicht aber um die Kreativität bei deren Bewältigung dreht. Dennoch bilden Noten das Einfallstor in die Welt der ,Prostitution', denn schon in der Grundschule herrscht eine ,Wettkampfmentalität' zwischen den Schülern. Dies hängt nicht zuletzt auch von der ,Bildungsempfehlung' ab, die

---

[16] **valide**: Synonym (gleichbedeutendes Wort) dafür, dass etwas verlässlich ist (hier: Aussagekraft von Noten)

Menschen in eine berufliche Laufbahn nötigt. Denn nicht nur wird, um den nötigen Schnitt zu erreichen, da ansonsten gewisse berufliche ‚Karrierezweige' wegzubrechen drohen, ein enormer Druck auf den einzelnen Schüler aufgebaut, sondern wird dieser auch von Pädagogen wie Eltern gleichermaßen beflügelt. Während Erstere mit teils fragwürdigen Methoden eine direkte Demütigung des Schülers forcieren (man denke hier an die laute Bekanntgabe persönlicher Ergebnisse), stehen Letztere dem in nichts nach, insofern sie, zwar mit durchaus ‚guten Absichten' [17] den Nachwuchs bemühen anzuspornen, oftmals allerdings eher den sich anstauenden Druck *jetzt die Leistung erst recht erbringen zu müssen'* noch erhöhen. Damit einher geht bei vielen Schülern die Angst, diesen Ansprüchen nicht genügen zu können, wodurch stressbedingte Erkrankungen auch bei

---

[17] Mit scheinbar **‚guten Absichten'** sind hier die Eltern gemeint, die ihren Kindern die besten beruflichen Chancen eröffnen wollen.

Kindern immer häufiger anzutreffen sind.[18] Auch bei Geschwistern ist dieser ‚Umstand' verbreitet. Sofern der eine Part[19] besser als der Andere abschneidet, beginnt unweigerlich der Vergleich zwischen den Kindern. Um das klarzustellen: ich meine hierbei nicht die konstruktive Variante, in der man sich anschaut wo die eigenen Fehler lagen, um daraus Schlüsse für künftige Arbeiten zu ziehen. Ich denke vordergründig an die destruktive Form dieser Methode, in der nicht die eigene Leistung verbessert, sondern das eigene Abschneiden, fernab des Resultats nicht mehr gilt, wenn jemand besser war als ich selbst. Jene Denkweise verschärft sich mit den zunehmenden Jahren des Schulbesuchs und findet seinen vorläufigen Höhepunkt in der Abschlussprüfung.

So stellt jeder Vortrag mit Benotung gewissermaßen eine Konkurrenzsituation

---

[18] Vgl. Vergin, Julia: Psychologie. Whatsapp, Instagram und Co. Soziale Medien setzen Kinder unter Druck, Online verfügbar über: https://www.dw.com/de/whatsapp-instagram-und-co-soziale-medien-setzen-kinder-unter-druck/a-43050622, abgerufen am 12.08.2019.

[19] **Part**: Teil oder Anteil, hier bezogen auf die Leistung eines Geschwisterkindes

dar, in welcher sich die Kinder mit ihren Altersgenossen messen. Ein Umstand, der den nachdenkenden Menschen in unserer Gesellschaft innehalten lassen sollte, über das ‚System', in dem wir seit Kindestagen, neben dem Beruf, die meiste Zeit verbringen!

Doch damit nicht genug! Hier kommen die sozialen Netzwerke erstmals richtig zur Geltung, da die Kinder nun in der Lage sind, diese zu nutzen. Damit geht nicht nur ein omnipräsenter Wettstreit unter den Schülern einher, wer das Beste zu erleben vermag, wessen Eltern die beste Ferienreise ermöglicht oder wer die größten außerschulischen Erfolge feiert. Teil dieses ‚Prozesses' ist eine neue Form von Statusobrigkeit[20], die ihren Ausdruck in den Smartphones und Laptops etc. findet! Sicherlich kann man einwenden, dass es dieses Verhalten auch schon vor dem Zeitalter des Internets gab und dies zweifele ich auch nicht an, jedoch hat sich

---

[20] **Statusobrigkeit**: Das Leben wird voll und ganz materiellen Dingen unterworfen (wie zum Beispiel Smartphones), man definiert sich ausschließlich über den Besitz dieser.

die Dimension jenes Denkens verschoben. Galt es früher mit besonders originellen, möglichst einzigartigen Kleidungsstücken, Schulranzen, Spielsachen oder auch ersten Handhelds [21] die Umgebung zu beeindrucken, so ist dies jetzt stärker und omnipräsenter[22] als zuvor. Mit Hilfe der sozialen Netzwerke ist es nun problemlos möglich, diesen ‚Wettkampf' zu jeder Zeit und an jedem Ort stattfinden zu lassen. Man hat quasi kaum Gelegenheit sich dem zu entziehen, denn wer nicht ‚up-to-date'[23] ist, läuft rasch Gefahr ausgegrenzt zu werden. Ein Beispiel: Jüngst ging ich spazieren und beobachtete durch Zufall eine Diskussion unter Grundschulkindern. Diese führten sich nicht nur die gegenseitigen Besitztümer, wie PCs oder Handys vor, sondern beleidigten einander über den Wert, der Computer oder Smartphones. *‚Haha, deine Mutter hat den PC doch bei Aldi gekauft! Meiner ist von*

---

[21] **Handheld** meint eine tragbare Spielkonsole, zum Beispiel den Gameboy
[22] **omnipräsent**: Synonym für allgegenwärtig
[23] **‚up to date'** sein heißt, auf dem neusten Stand, hier: von Handys, PCs usw.

Apple, du Proll!' Das ist bei weitem kein vereinzeltes Phänomen mehr. Um das zu verdeutlichen, hier ein weiteres Beispiel. Eine Mutter stand mit ihren beiden Töchtern an der Kasse einer Tankstelle und wartete darauf, bedient zu werden, als ein Streit zwischen den Kindern entbrannte. *,Ich bekomme ein neues Smartphone zum Geburtstag und du nur ein Tablet!'* Darauf die Kleinere der beiden Kinder: *,Mama, wenn meine Schwester ein Smartphone kriegt, will ich auch eins!'* Natürlich ließ die Ältere diesen Umstand nicht auf sich sitzen: *,Jetzt bekomme ich aber auch ein Tablet und zwar ein neueres als sie!'* Dies ist gewiss nur ein Beispiel unter Vielen, aber es zeigt doch wie stark sich jene Statusobrigkeit bereits in den Köpfen der Kinder manifestiert[24] hat! Wo materielle Dinge, anstelle menschlicher Beziehungen den Dreh- und Angelpunkt unseres Lebens einnehmen, ist die Sklaverei nicht weit – das sollte uns zu denken geben.

---

[24] **manifestieren**: etwas wird offenbar, zeigt sich, hier: materielles Denken bei Kindern

Widmen wir uns zu guter Letzt den Sonderformen in unserem Schulsystem sowie der Frage der Nachhilfe.

Zunächst möchte ich betonen, dass ich jegliche Ausprägung von gesonderten Einrichtungen, etwa für Kinder mit Lese- und Rechtschreibschwäche oder geistiger Benachteiligung für nicht zielführend halte! Grund hierfür ist, dass ich der Ansicht bin, dass eine derartige Absonderung von Menschen, nach Kriterien ihrer ‚Leistungsfähigkeit‘ dem Gedanken der erfolgreichen Inklusion [25] nur abträglich sein kann. Man trennt diese Kinder quasi von ihren Altersgenossen und drückt ihnen den imaginären [26] Stempel der Rückständigkeit aufs Auge! Die damit verbundenen Vorurteile - es handle sich bei den Kindern, die eine solche Schule besuchen um ‚Zurückgebliebene‘ – werden somit eher gefördert als entkräftet, da kein Austausch, kein Dialog zwischen den Schülern stattfinden kann und folglich

---

[25] **Inklusion** meint hier, den gemeinsamen Unterricht von behinderten sowie nicht-behinderten Kindern auf einer Schule.

[26] **Imaginär** bedeutet, dass hier den Kindern im übertragenen Sinn fehlende Fähigkeiten zugeschrieben werden, die nicht zutreffen.

auch Stigmas [27] nicht überprüft werden können. Weiterhin erwecken Sonderschulen den Anschein, als handele es sich bei den Schülern, um ‚Menschen zweiter Klasse', die man nicht in den regulären Arbeitsmarkt drängen könnte und insofern auf spezielle Art und Weise auf den Berufsweg einstellen müsse. Das halte ich, vor dem Hintergrund der mangelnden Integration, für die vollkommen falsche Herangehensweise, da auch hier nicht die Menschen sowie deren Interessen und Stärken, sondern vordergründig dessen Verwertung für den Arbeitsmarkt den ausschlaggebenden Punkt darstellt! Man separiert [28] also Kinder in dem Wissen, dass manche von ihnen den Arbeitsprozessen nützlicher sein werden als Andere und rechtfertigt somit deren Ausgrenzung vom menschlichen Gemeinwesen. Eine Praxis die, offen gestanden, widerwärtig ist!

---

[27] **Stigma**: Zuschreibung eines Menschen zu einer Gruppe mit ablehnenswerten Eigenschaften, hier: scheinbare ‚Zurückgebliebenheit' von Kindern in Sonderschulen

[28] **separieren**: Synonym für die räumliche o.Ä. Trennung von Personen bzw. Gegenständen, hier: Trennung von Schülern durch Schulformen

Gleichfalls folgen Nachhilfeangebote dieser ‚Logik' der Leistungsverbesserung, wobei es weniger um bessere Noten des einzelnen Schülers und dessen Probleme, denn vielmehr um a) Profit mit den kriselnden Schülern (mit Hilfe ihrer Probleme in der Schule) und b) eine Aufrechterhaltung des Leistungsdrucks mit Blick auf die Karriere geht. So werden nicht selten Standardaufgaben, die für alle Kinder gleich sind, die einen Nachhilfekurs besuchen (fernab der Frage welches Problem der Einzelne hat), welche nur den Zweck erfüllen, die Kinder eine bestimmte Zeitspanne zu beschäftigen und letztlich den Geldbetrag kassieren zu können. Das heißt es wird buchstäblich mit der Angst der Schüler und Eltern Profit gemacht! Der Leistungsdruck und die damit einhergehende soziale Angst, weder den eigenen Eltern noch der beruflichen Zukunft genügen zu können, ist Teil dieses ‚Geschäftsmodells', das sich auch hier als Verkauf des Menschen betiteln lässt. Man möge geneigt sein einzuwenden, dass ich die private Nachhilfe ja nicht betrachtet habe und es dort vollkommen anders zugehe als bei Firmen, die Nachhilfe anbieten. Aber ist das wirklich so? Tatsächlich wird auch hier mit der Angst der Schüler operiert[29] und weshalb? – Weil man Geld verdienen möchte! Sicher gibt es einige vorbildliche Nachhilfelehrer, welche diesem Abbild meinerseits nicht entsprechen, doch das Gros[30] der Beteiligten agiert genau nach diesem Schema. Jener Prozess wird sich in der weiterführenden Schule, wie wir jetzt sehen werden, noch weiter steigern und seinen Beitrag zu einer leistungsorientiert-egoistischen Gesellschaft beisteuern!

2.3 Die Jugend – weiterführende Schulzeit:

Wie ich bereits angedeutet habe, verschärft sich die Problematik hinsichtlich der Verknüpfung von Notenvergabe und

---

[29] **operieren:** im Sinne einer Handlung respektive tätig zu sein
[30] **Gros** (lateinisch; französisch): der überwiegende Teil, die Mehrheit

Intelligenz eines Menschen in diesem Stadium nochmals gegenüber der Grundschulphase. Jetzt geht es nicht mehr ‚nur' um die Frage wie die Weichen der künftigen schulischen Ausbildung gestellt werden sollen, sondern konkret um die sich ‚eröffnenden' beruflichen Perspektiven. Dabei ist diese Verquickung[31] von Bewertungen mit den grundsätzlichen Grad an Intelligenz eines Menschen insbesondere in den geisteswissenschaftlichen Fächern, wie Deutsch, Geschichte, aber ebenso GRW[32] mehr als problematisch zu betrachten. Nehmen wir ein Beispiel zur Hand, um meine Behauptungen zu illustrieren. In einer Klassenarbeit (später: Klausur) soll ein Gedicht interpretiert werden. Kann man behaupten, es gebe nur eine ‚richtige' Deutungsweise des Sachverhalts? Meiner Meinung nach ist die Antwort: Nein. Denn nicht nur kann in den meisten Fällen der Autor uns die

---

[31] **Verquickung** bedeutet im Sinne einer Verknüpfung, hier: Noten und Intelligenz eines Menschen
[32] **GRW**: Gemeinschaftskunde, Rechtserziehung und Wirtschaft (Schulfach)

Frage der Auslegung nicht mehr beantworten, da er/sie längst verstorben ist, auch der Charakter einer interpretativen Aufgabe widerspricht prinzipiell der Vorstellung, es gebe nur eine korrekte Auffassung. Die Interpretation (ebenso bei historischen Fällen in Geschichte oder bei Karikaturen in Gemeinschaftskunde) unterliegt zwangsläufig einem gewissen gestalterischen Spielraum des Betrachters. Was hat dieser Fall nun mit dem Verkauf des Menschen, also hier des Schülers gemein? Ganz einfach, der Bezug ergibt sich aus der Benotung der Aufgabe, die, sofern nicht die ‚korrekte Lesart'[33] erfolgte, ein schlechtes Ergebnis bedingt. Zumeist folgt nun eine Verbindung zwischen ‚notorisch schlechten Schülern' mit deren Intelligenz: *‚Sie seien schlicht nicht so klug, dass könne man aus den Noten gewissermaßen lesen.'* Ich halte diese Auffassung für gefährlich und

---

[33] **korrekte Lesart:** Es gibt quasi nur ein korrektes Ergebnis, alle anderen Schlussfolgerungen werden nicht anerkannt.

degradierend [34] zugleich. Zum einen suggeriert diese Herangehensweise, dass es einzig schlichter Tests bedarf, um den aktuellen und zukünftigen Werdegang eines Schülers abbilden zu können. Die damit einhergehende Demütigung gegenüber den Mitschülern - man sei ja gewissermaßen ‚dumm' im Vergleich zu Anderen - ist ein psychologisch-sozialer Fehlschluss, der jedoch weit verbreitet ist. So wird dem Schüler indes ebenso wenig zugestanden, sich zukünftig in den Resultaten bessern zu können, mancher Pädagoge meint gar in den Ergebnissen der fünften Klasse (!) den festumrissenen Lebensweg seiner Schützlinge erkennen zu glauben!

Ein weiterer Kritikpunkt meinerseits besteht mit Blick auf die häufig forcierten ‚sozialen Kompetenzen', die Schüler im Unterricht mit ihren Klassenkameraden erwerben sollen. Wenn es denn tatsächlich um solche Fertigkeiten gehen würde, welche die Floskel zu vermitteln

---

[34] **degradierend**: Synonym für abwertende Bezeichnung

glaubt, wäre dies wünschenswert. Doch nicht soziales Miteinander, die Vermittlung zwischen Konflikten und Problemen oder das Einfühlen in sein Gegenüber stehen hier im Vordergrund, sondern soziale Dominanz. Es besticht der-/diejenige, der/die seine Mitschüler möglichst umfassend zu kontrollieren und zu dirigieren weiß! Lob und Anerkennung erlangt jener, der sich herrisch seinen Nächsten gegenüber verhält und sich selbst im Schein der eigenen Unfehlbarkeit wähnt! So kann das Transportieren ‚sozialer Kompetenzen' als symptomatisch für den späteren Kampf auf dem Arbeitsmarkt und im Privatleben gelten – ‚*Keiner für alle, jeder für sich!*' Diese Prämisse wird Kindern und Jugendlichen derart ins Hirn gebrannt, dass es nicht verwunderlich erscheint, wenn soziale Erosion [35], Neid, aber gleichsam Einsamkeit Kennzeichen unserer derzeitigen gesellschaftlichen Lage abgeben.

---

[35] **Erosion** (lateinisch): etwas wird abgetragen, verringert sich, hier: gesellschaftlicher Zusammenhalt (zuhören, füreinander da sein)

Daran haben indes auch die sozialen Netzwerke, wie bereits zuvor erwähnt, einen Anteil, denn so wird die Konkurrenzsituation, in der sich jeder mit jedem vergleicht und wetteifert, zum stetigen Wegbegleiter. Ich möchte hier weniger auf die Statussymbole und Erfolgserlebnisse, welche auf den sozialen Medien omnipräsent sind, eingehen, insofern ich dies bereits im vorherigen Abschnitt getan habe. Mir geht es jetzt um die weiterführenden Kehrseiten dieses ‚Wettbewerbs' – die soziale Einsamkeit und das Mobbing. Während sich die soziale Einsamkeit aus dem Gefühl ergibt, dass alles und jeder in seinem Umfeld glücklich und erfolgreich scheint, nur man selbst nicht, bezieht das Mobbing die Betroffenen direkt in die Auseinandersetzung ein. Aber beides hängt meiner Meinung nach, mit dem Konkurrenzkampf zusammen, der mittels sozialer Netzwerke eine neue Dimension erreicht hat. Wo man sich früher in Fällen von Mobbing ins Private zurückziehen konnte und dort unter Umständen Schutz vor den Angriffen suchen konnte, da die Aggressoren[36] nicht in unmittelbarer Nähe waren (außerhalb der Schule), so ist dies heute kaum noch möglich. Einerseits ist man gezwungen in den Raum ‚sozialer Netzwerke'[37] einzutreten, wenn man nicht Gefahr laufen möchte, aufgrund dessen ausgegrenzt zu werden (was traurig genug ist), andererseits verschafft man sich somit eine permanente Angriffsfläche für diejenigen, die Mobbing begehen. So können diese sich nicht nur im Schutze der Anonymität[38] verstecken, sondern sind überdies in der Lage die Betroffenen nahezu immer und überall zu verletzen! Ich selbst habe diese Erfahrungen hinter mir und weiß nur zu gut, was es bedeutet, wenn die sozialen Netzwerke, die eigentlich zur Verbindung von Freunden gedacht waren, sich zur nie enden-wollenden Druckpistole umfunktionieren!

---

[36] **Aggressor** (lateinisch) für Angreifer, hier: Bezeichnung für Täter von Mobbing

[37] ‚**Raum sozialer Netzwerke'** meint die Plattformen, auf denen sich Menschen austauschen, z.B.: Facebook etc.

[38] **Schutz der Anonymität:** beinhaltet die Möglichkeit mit falschen Namen, Profilen in sozialen Netzwerken aufzutreten

Der Druck zur Perfektion einer Norm, die von Menschen über Menschen entworfen sowie aufrechterhalten wird, hat dieses Phänomen noch prekärer werden lassen und wird leider jetzt erst als Problem überhaupt registriert! [39] Dabei baut sich von Beginn ein Spannungsfeld zwischen der Erfüllung einer gesellschaftlich-anerkannten Norm sowie dem Druck zur Einzigartigkeit im Bezug auf Fähigkeiten und Persönlichkeitsmerkmale auf. Auf dieses Verhältnis werde ich im nachfolgenden Abschnitt nochmals genauer zu sprechen kommen.

Im Pflichtpraktikum soll nun ein erster Gehversuch im beruflichen Wirkungsfeld erprobt werden, doch ist dem so? Sicherlich dient das Praktikum in erster Linie dazu, festzustellen ob die gedanklichen Phantasmen [40] zur Realität eines Berufsalltags passen oder nicht. Zugleich sollte man nicht übersehen, dass

---

[39] Vgl. Wahle, Sandra: Soziale Netzwerke. Wie Social Media die Psyche beeinflusst, Online verfügbar über: https://www.wp.de/leben/digital/wie-social-media-die-psyche-beeinflusst-id215073023.html, abgerufen am 17.08.2019.

[40] **Phantasma**: Synonym für eine Illusion, hier: Vorstellungen von der Berufswelt

es sich auch hier um eine Wettbewerbssituation handelt, in der nicht Vorstellungen einem Realitätscheck unterzogen werden, sondern primär die ‚Verwertbarkeit' eines Individuums erprobt werden soll! Zum einen steht auch das Praktikum unter dem Banner einer schulischen Leistung (infolgedessen die oben angeführte Problematik auch hier zutreffend erscheint) und zum anderen werden auch über den Erfahrungsaustausch zwischen den Schülern Konkurrenzsituationen geschaffen, die einen indirekten Druck zu positiven Erfahrungswerten inne haben. An dieser Stelle wiederum ein Beispiel, um den Sachverhalt darzustellen. Man stelle sich einen Klassenraum vor, in dem sich Schüler gerade über ihre ersten, praktischen Erfahrungswerte austauschen. Nun betrachten wir eine Gruppe von drei Schülern, die jeweils von ihren gemachten Eindrücken berichten. Nachdem sich zwei von ihnen äußerst wohlwollend über den Betrieb, in dem sie arbeiteten und das dortige Klima unter den Mitarbeitern berichteten, hat der/die Dritte im Bunde leider keinerlei positive Erfahrung machen können (fernab der Erkenntnis, dass dieser Beruf bzw. Betrieb für ihn/sie nicht in Frage kommt). Wird diejenige Person nun offen und ehrlich ihre Eindrücke schildern oder vielmehr verschweigen, dass sich die positiven Erwartungen, vor dem Praktikum, nicht erfüllt haben? Meiner Ansicht nach ist die Letztere Option [41] die wahrscheinlichere und zwar aus folgendem Grund: Der soziale Druck, gemeinhin auch als ‚Gruppenzwang' [42] bekannt, fordert eine positive Antwort, sofern man nicht im Konkurrenzkampf mit den anderen Schülern ins Hintertreffen geraten möchte. Nun mag man geneigt sein einzuwenden, dass dieser Vorgang ziemlich abstrakt und unrealistisch sei, aber wenn wir bedenken, dass jener Schüler unter Umständen sogar eine negative Beurteilung seiner

---

[41] **Option:** Meint hier die Möglichkeit eigene, negative Erfahrungen im Praktikum zu verschweigen, da alle Anderen zufrieden waren.

[42] **Gruppenzwang,** das heißt, der Einzelne folgt dem Handeln einer Mehrzahl von Gruppenmitgliedern, um nicht negativ aufzufallen

Tätigkeit erhalten hat, dann und das ist gar nicht so abwegig, wird dieser zumindest gegenüber den Klassenkameraden allenfalls eine frisierte Version[43] der Erfahrungen mitteilen. An jenem Punkt wird die Auseinandersetzung zwischen den Schülern erstmals plastisch, das heißt, nun geht es nicht mehr ‚nur' um die abstrakt und in ferner Zukunft liegenden Chancen einer beruflichen Ausbildung, wie beispielsweise bei Anfängern der weiterführenden Schule beobachtbar, nun geht es ganz konkret um die Einschätzung der eigenen ‚Leistung' im Rahmen des Praktikums, mit eventuellen Auswirkungen auf die folgenden beruflichen Schritte. *Verabschiedet man sich von bestimmten beruflichen Vorstellungen, aufgrund dessen man annimmt, nicht mit Anderen in diesem Feld konkurrieren zu können? Beginnt man an den eigenen Stärken zu zweifeln und sich bereits mit Sorge der*

---

[43] **frisierte Version:** geschönte Variante der Erlebnisse, hier: Erfahrungen im Praktikumsbetrieb

Frage nach dem ‚Wie geht's weiter?' zu befassen?

All diese Gedanken finden nun im Abschlusszeugnis sowie der vorherigen Prüfungen ihren vorläufigen Höhepunkt. Dort tritt der imaginäre [44] Wettstreit zwischen den Schülern erneut zu Tage. Unmittelbar nach den Prüfungen sowie bei der Bekanntgabe der Resultate findet emsig der Austausch wie Vergleich unter Ihnen Anwendung. Dabei werden speziell Schüler, die bei als vermeintlich ‚einfach' wahrgenommenen Prüfungen (wobei der Schwierigkeitsgrad über das Abschneiden der Mehrheit definiert wird) nicht befriedigend abgeschlossen haben, mit Häme und Spott bedacht! Hier ist zu beachten, dass die Ergebnisse für den Einzelnen durchaus ein Erfolgserlebnis sein können, es sich jedoch aus der Perspektive der Anderen um einen Misserfolg handeln müsse (da es am eigenen Resultat gemessen wird). Der

---

[44] **Imaginär** meint, dass sich der Wettbewerb nicht nur um materielle Dinge dreht (wie einen Job), sondern maßgeblich auch psychisch ausgetragen wird (beispielsweise im Kampf um Anerkennung Ausdruck findet).

weitere Lebensweg scheint somit bereits, wie im Falle der Namensgebung und entsprechender Konnotation [45] schon festzustehen, noch bevor die betreffende Person diesen selbst gestalten kann. Auch die zeremonielle Übergabe der Zeugnisse kann unter jenem Gesichtspunkt betrachtet werden. Hier ist vor allem an die spezielle Ehrung besonders ‚leistungsfähiger' Schüler[46] zu denken, die sich bei genauerem Blick als weiteres Symptom einer vom Leistungsgedanken zerfressenen Gesellschaft offenbart. Ich möchte an dieser Stelle keinesfalls die Leistungen und Bemühungen engagierter Schüler in Abrede stellen, mir geht es hier vor allem um den Prozess, das Drumherum. Der Gedanke, welcher sich hinter einer solchen Zeremonie verbirgt, ist der Primat der Leistung. [47] Ohne zu viel

---

[45] **Konnotation**: emotional-wertende (Begleit-)Vorstellung; hier: *‚Was könnten Andere denken? Hat dieses Denken Einfluss auf die Entwicklung meines Kindes?'*

[46] **leistungsfähige Schüler:** Schüler mit besonders herausragenden Ergebnissen (z.B.: Schnitt von 1,0)

[47] **Primat der Leistung:** Ein Mensch wird über seine Ergebnisse (Noten, Abschlüsse, Qualifikationen) definiert und beurteilt, emotional-soziale Werte

vorwegnehmen zu wollen, lässt sich attestieren, dass es weniger um das individuelle Bemühen des einzelnen Schülers, als primär[48] um die Verfestigung geht, dass *‚du nur was bist, wenn du Leistung bringst, andernfalls ist es deine und nur deine Schuld, dass es nicht klappt.'* Dieses psychosoziale Gift, wie ich es nennen möchte, wird im nachfolgenden Stadium, der Arbeitswelt, noch weitaus größere Implikationen[49] haben, als in der Schule, insofern, als das diese lediglich der Verinnerlichung dieses Diktums[50] gilt; die real-gesellschaftliche Auseinandersetzung eines jeden von uns, aber mit dem Eintritt in den Beruf erst beginnt!

2.4 Das Erwachsenendasein – Ausbildung und Studium

Schon in der Frage ob, man eine Ausbildung oder Studium in Angriff nimmt,

---

werden indes nicht berücksichtigt.

[48] **primär**: Synonym für vordergründig, erstrangig

[49] **Implikationen** (lateinisch): Verflechtung, hier: von größerer Bedeutung sein

[50] **Diktum**: Synonym für eine Anordnung oder einen Befehl, hier: des Leistungsgedankens

kommt jene Konkurrenzsituation essentiell [51] zur Anwendung. Welche Noten bringt ein Bewerber mit und welche Fähigkeiten werden dem- oder derjenigen mit Blick auf das zuvor erworbene Abschlusszeugnis bescheinigt? Dabei findet eine Auslese statt, infolge derer weniger die tatsächlichen Fertigkeiten, als vielmehr die Resultate auf dem Weg der Allgemeinbildung ausschlaggebend sind. Dies kann man sowohl bei der ‚klassischen Bewerbung' für eine Ausbildung, als auch für die Wahl des Studiums attestieren. Überall entscheiden letztlich Zensuren, inwieweit ich geeignet erscheine eine zukünftige Ausbildung anzutreten und dem Unternehmen oder der Hochschule ‚von Nutzen' zu sein. Wie bereits gesagt, werden nahezu ausschließlich Noten zur Beurteilung dessen herangezogen, eventuelle kreative oder soziale Kompetenzen finden sich jedoch nur äußerst selten in der Frage repräsentiert. Doch wer glaubt, mit der

---

[51] **vital**: Synonym für verstärkt zum Ausdruck kommen

Zusage eines Studien- bzw. Ausbildungsplatzes habe sich der Kampf auf Ebene der Konkurrenz erledigt, der irrt! Doch bevor ich zu jenen Situationen komme, die sich im Rahmen einer Ausbildung in puncto Wettbewerbs- respektive Verkaufsmentalität ergeben, möchte ich zuvor einen kurzen Exkurs[52] in Sachen Bürokratie unternehmen. Nicht selten steht der Berufseinstieg (über die Ausbildung) für den ersten Kontakt mit behördlichen Instrumenten, die spürbar nach dem ‚Verkaufsprinzip' arbeiten. Ob dies nun im Falle des BaföG[53] oder eines Schulgeldes geschieht ist nachrangig, Fakt ist, dass eine Abhängigkeit von den finanziellen Leistungen einer Behörde schon jetzt nach dem Credo[54] geführt wird ‚*du stehst nun in der Bringschuld, du hast Geld von uns erhalten, das du nur in Folge deiner Leistungen* (gemeint ist hier der Verkauf der eigenen Person auf dem späteren Arbeitsmarkt) *wirst in ferner*

---

[52] **Exkurs**: kleine, inhaltliche Abhandlung eines anderen Themenbereichs
[53] **BaföG**: Berufsausbildungsförderungsgesetz
[54] **Credo**: Synonym für das leitende Motiv einer Handlung, hier: Warum finanzielle Ausbildungshilfen gewährt werden.

Zukunft begleichen können!' Diese Dependenz [55] gegenüber einer, meist staatlichen Institution, dient weniger der Chancengebung des Einzelnen, denn weit aus mehr der Aufrechterhaltung von Druck! Somit soll ein jeder von uns unter einem gewissen Handlungszwang stehen, den vermeintlichen ‚Vertrauensvorschuss' [56] seitens des Staates zu verinnerlichen und das mittels des Leistungsgedankens. *‚Verkaufe dich und deine Fähigkeiten möglichst effizient, dann wirst du auch easy[57] in der Lage sein, deine Schulden abzubezahlen'* – so die Theorie. An die Stelle von seelisch-emotionalem Zwang der Schule (sei besser als alle Anderen, sonst hast du keinerlei Zukunft) gepaart mit materiellen Mustern, also Noten, folgt nun die finanzielle Variante in Gestalt von Darlehen. Hierbei wäre es allerdings nicht vollständig, diesen Prozess nur auf den Verkauf der eigenen Person zu

---

[55] **Dependenz**: Synonym für Abhängigkeit, hier: finanzieller Art

[56] **Vertrauensvorschuss:** Gemeint ist hier die Bewilligung einer finanziellen Hilfe (z.B.: Schulgeld oder BaföG).

[57] **easy** (englisch): einfach, leicht

beschränken, denn diese Daumenschraube [58] intendiert gewissermaßen noch eine weitere Ebene – den Abschluss des einmal eingeschlagenen Ausbildungsweges. Es wird den Menschen also nicht zugestanden eine ‚falsche Entscheidung‘ im Sinne der Ausbildungswahl zu treffen, da er/sie somit unweigerlich eine finanzielle Bürde mit sich trägt, die ihn/sie an diesen Weg fesselt! Nun lässt sich selbstredend einwenden, *‚Na und! Viele brechen ihre Ausbildung trotzdem ab und entscheiden sich für eine Andere!‘* Dem ist auch nichts hinzuzufügen und doch bleibt die Bürde bestehen und der durch ihr erzeugte Druck lässt keinesfalls nach – im Gegenteil! Kann man den ersten Wechsel eines Studien- oder Ausbildungsbereichs noch rechtfertigen, wird es mit den nachfolgenden Versuchen ungleich schwerer. Es tritt jenes Phänomen zu Tage, dass gleichfalls im Falle der Arbeitslosigkeit auftritt – man attestiert

---

[58] **Daumenschraube**: Metapher (bildhafter Ausdruck) für einen Zwang, der auf eine Person ausgeübt wird.

dem- oder derjenigen Faulheit, fehlende Motivation und keinen Willen jemals einer Erwerbstätigkeit nachgehen zu wollen! Dass ein Mensch auch durchaus irren kann mit seiner Vorstellung über den Inhalt einer Ausbildung oder eines Studiums, im Bezug auf seine persönlichen Präferenzen[59], wird hierbei schmerzlich vernachlässigt! Zu tief hat sich der ‚Primat der Leistung' in das gesellschaftliche Hirn gefressen, um andere Lebensläufe fernab des Linear-Normierten[60] (Schule, Ausbildung, Beruf im Ausbildungsbetrieb bis ans Lebensende) anzuerkennen!

Gleichwohl ist es keinesfalls so, dass eine Ausbildung jene Konkurrenzkämpfe nicht kennt. Egal ob im Studium oder Betrieb, es geht nur um das persönliche Arbeitspensum im Verhältnis zu Anderen. So werden beispielsweise in Ausbildungsbetrieben ebenso Wettkämpfe, um den/die beste(n)

---

[59] **Präferenz**: Synonym für Werte, Ziele einer Person
[60] **linear-normierter Lebenslauf**: bilderbuchähnlich verlaufende Karriere eines Menschen

Auszubildende(n) zelebriert und mit Prämien versehen. Aber dies geschieht nicht der Pflege des Egos des Einzelnen zu Liebe, sondern um jene Wettkampfmentalität, die ich folgend nun als ‚war of talents‘[61] bezeichnen möchte, aufrecht zu erhalten. Nicht selten kommt es vor, dass andere Auszubildende sich an den Resultaten der Besten messen lassen müssen, fernab der eigenen Leistung. Diese kann dabei durchaus herausragend sein, ist aber insofern ‚wertlos‘, als dass es Eine(n) gab, der besser war und folglich die eigene Arbeit schmälert. *Weshalb kannst du nicht das, was Kandidat X kann? Siehst du, er/sie kann es besser als du, nimm' dir mal ein Beispiel.'* Die hier angeführten Beispiele, so banal und oberflächlich sie auch wirken mögen, bestimmen tagtäglich den Alltag von Millionen von Menschen in Deutschland.

---

[61] **war of talents:** Bezeichnung für allseits-präsenten Wettstreit, in dem nur einzigartige Begabungen und Leistungen anerkannt werden.

Was gleichfalls zu beobachten ist, lässt sich mit dem ‚Schwund des Kollektivs'[62] beziffern. Gab es in der Schule durchaus noch etwas, dass sich unter dem Begriff ‚Klassenkollektiv' verstehen lässt, also die soziale Bindung zwischen den Schülern (wenn auch oft nur zwischen Einzelnen), so ist dieser Umstand in der Ausbildung nahezu vollkommen nichtig. Ein Beispiel: Eine Kommilitonin[63] wurde gefragt, was der gravierendste Unterschied zwischen Schule und Studium sei, ihre Antwort: *‚In der Schule hat man teilweise noch aufeinander aufgepasst, hat sich getroffen und Freundschaften gepflegt, im Studium aber gibt es das nicht mehr! Hier kämpft jeder gegen jeden, jeder für sich!'* Dieses Pathos[64] ist weit verbreitet und ein jeder sollte sich fragen ob und inwieweit er/sie seinen Anteil an solch einem asozialen Denken hat!

---

[62] **Kollektiv**: sozialer Verbund, hier: Zusammengehörigkeitsgefühl unter Menschen

[63] **Kommilitonen/Kommilitonin**: bezeichnet einen Schüler/in der Hochschule

[64] **Pathos** (griechisch): Nachdruck oder Gefühl, hier: Lebensphilosophie, die nach Leistung des Einzelnen bemessen wird

Letztlich komme ich natürlich auch hier nicht umhin, die Prüfungssituationen anzusprechen, denn sie verkörpern mitunter am deutlichsten den stetigen Zwang zum Vergleich. Nach jeder Prüfung erfolgt ein solcher Vergleich unter den Auszubildenden und wird ebenso von Teilen der Ausbilder regelrecht forciert, indem die Ergebnisse (mit entsprechenden Kommentaren versehen) bekannt gegeben werden. Nun setzt erneut das Druckmoment ein. *‚Gab es jemanden, der besser war als ich? Hab' ich einen Fehler gemacht? Wieso kann ich es als Einziger nicht?'* Im Idealfall ist man in einer Ausbildung, in der sich die Lehrenden mit den Schülern zusammensetzen und gemeinsam versuchen, den Fehlern auf den Grund zu gehen. Doch selbst wenn der glücklichste aller Fälle eintritt, kann man doch nicht leugnen, dass das Bestreben nach einer besseren Leistung, weniger vom Drang nach Verständnis des behandelten Stoffs, denn vielmehr auf den sozialen Zwang gründet eine bessere ‚Leistung' erbringen zu müssen und zwar der eigenen Zukunft wegen. Damit einhergehend steht die Frage im Raum, wie es nach der Ausbildung beruflich weitergehen soll – *‚Übernimmt mich mein Betrieb? Habe ich andere Möglichkeiten?'* oder im Falle des Studiums *‚Welchen Beruf möchte ich jetzt ausüben?'* Auch jene Fragen sind durchtränkt mit dem Leistungsgedanken im Hinblick auf die Chancen im Arbeitsmarkt, wie wir gleich sehen werden.

1. Die Jobsuche:

Gerade innerhalb dieses Komplexes wird die Veräußerung des Menschen am schnellsten erkennbar. Nehmen wird uns dessen Verlauf einmal detailliert an, dann wird man rasch feststellen, dass es nicht die Fertigkeiten und Stärken des Einzelnen sind, welche über eine künftige Anstellung entscheiden, sondern primär dessen Verkaufstalent gefragt scheint. *‚Wer weiß sich am besten zu vermarkten?*

Welcher Kandidat ist in der Lage, seine Fertigkeiten optimal zu präsentieren und dabei Schwächen zu kaschieren?'

Dabei sollte man jedoch keinesfalls vergessen, dass NICHT die Fähigkeiten für die Zu- oder Absage entscheidend sind, sondern der vermeintliche ‚Gewinn' den sich ein Unternehmen bzw. eine Organisation von einer Personalie erwartet!

Mit Gewinn ist an dieser Stelle erstrangig die Verwertung eines jeden Menschen im Produktionsablauf[65] gemeint, erst danach dessen Funktion unter dem ‚Primat des Gewinns.' [66] So funktioniert ein jeder Kandidat im Rahmen des Arbeitsalltags Tag für Tag unter dem Credo seines Nutzenwerts – ohne Berücksichtigung möglicher negativer Folgeerscheinungen durch beispielsweise Überlastung, Stress oder sozialer Einsamkeit aufgrund zeitlicher Enge. Diese ‚Nutzenschablone'

---

[65] **Produktionsablauf** meint hier die Begabungen des Einzelnen zu nutzen/ auszunutzen, um das Unternehmen oder die Firma in eine günstigere Wettbewerbssituation zu bringen.

[66] **Primat des Gewinns:** Alle innerbetrieblichen Vorgänge werden nach Gewinnmaximierung ausgerichtet, unabhängig von etwaigen sozialen bzw. persönlichen Folgen für den/die Mitarbeiter.

wie ich es nennen möchte, wird bereits mit der Besichtigung der Bewerbungsunterlagen vollzogen. Meist erhalten Bewerber gar keine Chance ihre Stärken in einem persönlichen Dialog unter Beweis zu stellen, sondern werden bereits über die ‚Leistungsagenda‘ [67] ausgesondert. Wir haben bereits einige Probleme, die sich aus der Verquickung von Noten mit Intelligenz eines Menschen ergeben, aufgezeigt. Umso dringlicher sollte man sich diese Prozesse vor Augen führen, die sich ausschließlich auf eben jene Kriterien stützen und somit den weiteren Lebensweg eines Individuums essentiell beeinflussen!

Sicher ist ein weiterer Faktor innerhalb der hiesigen Berufswelt nicht zu unterschätzen – das Vitamin B(eziehungen). Allzu häufig werden Stellen nur über Kontakte und folglich unabhängig von den Qualifikationen der Bewerber vergeben. Auch diese Form der

---

[67] **Leistungsagenda**: Dem Verantwortlichen zählt nur die ‚Leistung‘ des Bewerbers/ der Bewerberin, z.B.: in Form von Schulnoten, eventuell andersartige Fertigkeiten spielen somit keine Rolle.

‚Arbeitssuche' ist geprägt durch den möglichen Nutzen respektive ‚Wert', welchen man einer Personalie anlegt. Hierbei ist es völlig unbedeutend, ob ein anderer Bewerber möglicherweise im Gespräch (sofern es je dazu kommt) glänzen kann und inwieweit die angestrebte Person in der Lage ist, den Bewerber in seinen Fertigkeiten oder im Arbeitsalltag zu ersetzen! Allein ein Bekannter des Firmeninhabers zu sein, ist Qualifikation genug!

Davon abgesehen, nimmt die Konkurrenzsituation zwischen den Menschen im Kampf um Arbeit ihren vorläufigen Höhepunkt an, denn nun steht nicht ‚nur' der soziale Rang, sondern unter Umständen sogar die eigene Existenz in Frage. Jedoch ist es mitnichten so, als könne man die ‚soziale Frage'[68] gänzlich von dem individuellen Stellenwert innerhalb des Arbeitsmarktes trennen. Vielmehr gehen diese Prozesse Hand in

---

[68] Die **soziale Frage** meint, die Bewertung des eigenen Lebenswegs durch meine Mitmenschen und somit den Zwang zur Perfektion (um nicht ins Hintertreffen zu geraten).

Hand. Wenn ich beruflich ‚nicht ankomme', gerate ich unter sozial-gesellschaftlichen Druck. Dieser wird indes verstärkt durch die existenzielle Angst, seinen Lebensunterhalt nicht bestreiten zu können. Mit der ‚gesellschaftlichen' Stigmatisierung einer potenziellen Phase der Erwerbslosigkeit wird diese Emotion zum stetigen Begleiter und zwingt Menschen in Arbeitsverhältnisse, welche möglicherweise für sie selbst nicht erfüllend[69] sind, um dem mit Vorurteilen belasteten Status eines ‚Arbeitsverweigerers' zu entgehen.

Im Folgenden schauen wir uns den Verkauf des Menschen vor dem Hintergrund seines Berufs an, denn anders als vielleicht gedacht, hört der Kampf um Anerkennung und ‚Verkauf' des Selbst nicht mit der Zusage eines Unternehmens auf, sondern zeigt sich dort

---

[69] **erfüllend**: Ein Mensch geht mit Freude seiner Arbeit nach, sieht sich im Kollektiv der Arbeit wohl und sieht Herausforderungen in diesem Bereich als Quelle der Motivation.

alsbald in seiner inhumanen [70],
antisozialen Gestalt.

2. Der Arbeitsplatz:

Auch in diesem Bereich zeigt sich in
vielfältiger Art und Weise der Hang zur
alltäglich-menschlichen ‚Prostitution'.
Dabei reicht das Spektrum von der
‚simplen' Konkurrenz unter Kollegen, der
Ausweitung hin zum privaten Bereich, bis
hin zum Zwang der Perfektion, welcher
sich in Form des Ersetzbaren sichtbar
zeigt. Doch beginnen wird zunächst mit
der Konkurrenzsituation am Arbeitsplatz.
Der Wettstreit unter den Arbeitskollegen
ist keineswegs ein neues Phänomen, und
doch nimmt er gerade in der heutigen
Gesellschaft immer drastischere Ausmaße
an. Mittels des gesellschaftlich wie
unternehmerisch forcierten [71]
Einzigartigkeitsdogmas[72], ist jener Druck,
der auf dem einzelnen Arbeiter/ der

---

[70] **inhuman**: Synonym für unmenschlich

[71] **forciert**: Synonym für erzwungenen, durch Zwang ausgelösten Vorgang

[72] ‚**Einzigartigkeitsdogma**' meint, den permanenten Vergleich, mit Blick auf
die Unverwechselbarkeit der eigenen Person oder des Lebensstils, der über
gesellschaftlichen und beruflichen Erfolg entscheidet.

einzelnen Arbeiterin lastet nochmals angewachsen. Nun muss ein Jeder damit rechnen, seine ‚Existenzberechtigung‘ [73] und folglich auch seinen ‚unternehmerischen Wert‘ zu verlieren, sobald ein Kollege ihm/ihr den Rang abzulaufen droht. Dieser Umstand gründet sich zuvorderst auf die seit den Kindertagen verinnerlichte Weisung: *‚Du bist nur was, wenn du einzigartig bist. Wenn du ersetzbar bist, bist du zugleich wertlos!‘* Das führt wiederum dazu, dass ein ‚Klima der Angst und des Hasses‘[74] von Tag eins den Arbeitsalltag bestimmt. Jeder ist sich selbst der Nächste und weiß um die scheinbare Bedrohung durch den noch so freundlich wirkenden Kollegen/ die Kollegin.

Nun könnte man meinen, dass dieses Umfeld für den Unternehmer selbst ein reines Mienenfeld und somit nicht

---

[73] **Existenzberechtigung**: Das Unternehmen sieht den Menschen nur dann als ‚wertvoll‘, soweit er/ sie nicht durch einen anderen, noch einzigartigeren Menschen austauschbar ist (bzgl. seiner Fähigkeiten, Qualifikation).

[74] **‚Klima der Angst und des Hasses‘**: Jeder kämpft für sich allein. Es gibt kein Miteinander mehr, aufgrund der Furcht im Konkurrenzkampf mit Anderen ins Hintertreffen zu geraten. Daher sind Neid und Missgunst prägend in der gegenwärtigen Gesellschaft.

zielführend wäre – doch weit gefehlt! Gerade in der Vereinzelung, dem wechselseitigen Misstrauen und der permanenten Verunsicherung liegt der Gewinn für den Unternehmer/ die Unternehmerin. Denn aufgrund dieses ‚Klimas' ist es den Arbeitern nicht mehr möglich, solidarisch zu denken und fühlen, was den Umstand bedingt, dass etwa ein Streik mit dem Ziel der Lohnerhöhung schier unmöglich ist, da ein Jeder im Gegenüber nicht den Kollegen, sondern den ersten ‚Feind' im Kampf um die eigene Daseinsberechtigung betrachtet. Unter dem Umstand des stetigen Drucks sich profilieren, das heißt, verkaufen zu müssen, geht jedwede zwischenmenschliche Beziehung verloren und der Mensch ist isoliert. Das gilt umso mehr, als dass dieser Prozess, des ‚sich veräußern Müssens' auch im privaten Lebensbereich Einzug hält. So wird der Mensch, insbesondere über die sozialen Medien, mit Erfolgsmeldungen seiner Umgebung konfrontiert. Jeden Tag sieht er sich einem ‚Zwang zum Vergleich'[75] ausgesetzt, dessen er sich hingibt und der, im Falle ausbleibender Erfolgsmomente, besonders starke negative Emotionen (Neid, Wut, Trauer, bis hin zu Hass) hervorrufen kann.

Ich sage keinesfalls, dass die sozialen Medien die Ursache des ‚Prostitutionsproblems' sind, aber sie verstärken die Sogwirkung [76] dieser Plattformen, da das Individuum nun immer und überall von den besten Erlebnissen und Glücksmomenten seiner Mitmenschen begleitet wird. Das hat zur Folge, dass der berufliche Wettstreit mitunter auch in den privaten Bereich übertragen wird. *,Wer hat das schickste Auto? Wer isst was und in welchem hochexklusiven Sternerestaurant und wer fährt wie oft, wohin, mit welchen Eindrücken wie Erlebnissen in den Urlaub?'* Diese scheinbar so banalen

---

[75] Der **‚Zwang zum Vergleich'** meint, den unbewussten, weil schon so verinnerlichten Prozess sich permanent mit meiner Umgebung vergleichen zu müssen, unabhängig von meiner eigenen ‚Leistung' oder Fähigkeiten.

[76] **Sogwirkung** bezeichnet eine ‚Kraft', die etwas beeinflusst (hier: stetige Konfrontation mit Erfolgsmeldungen Anderer über die sozialen Netzwerke).

Dinge sind es, die im Menschen selbst den sozialen Druck aufbauen und diesen mit dem Gefühl des Versagens zurücklassen, denn die tagtägliche Bombardierung mit den ausschließlich positiven Momenten Anderer ist ein latenter [77] Pool für Enttäuschungen. Hierbei ist zu sagen, dass die Menschen, quasi die Urheber dieser Posts, selbstredend nichts dafür können, wie ihre Inhalte von der Umwelt wahrgenommen werden, dennoch eine gewisse Verantwortung in dieser Hinsicht tragen. Mit dem teilen ausschließlich positiver Meldungen über das eigene Tun und Erleben, unterwirft man sich zwangsweise der ‚Logik' von Plattformen wie Facebook und Co. Diese Logik beinhaltet nur, und zwar ausschließlich, positive News aus dem eigenen Leben zu teilen und somit jedoch den sozialen ‚Konformitätsdruck' auf meine Mitmenschen am Laufen zu erhalten! Was meine ich mit ‚Konformitätsdruck?' Nun, wenn man sich

---

[77] **latent**: Synonym für unbemerkt, unsichtbar

die Worte von Elisabeth Noelle-Neumann vor Augen führt, die bereits in den 1970er Jahren die These der Schweigespirale im Bereich der öffentlichen Meinung vertreten hat, wird der Zusammenhang des Gesagten umso mehr deutlich. Demnach hat das menschliche Wesen in der modernen Gesellschaft genau zwei Möglichkeiten: entweder man passt sich den gesellschaftlichen Gegebenheiten (in unserem Fall: der permanenten Zwangshandlung zum Verkauf des eigenen Lebens) an oder man gerät in die missliche Lage der Isolation! Diese Tendenz ist derweil auch in der gegenwärtigen, bundesdeutschen Gesellschaft beobachtbar. Während ein Großteil der Menschen sich in den Prozess der Veräußerung des eigenen Daseins hingibt, diesen gar als unumgänglich betrachtet, geschieht mit jenen Menschen, die sich dem versuchen zu entziehen, das was Noelle-Neumann als ‚Isolation' kennzeichnet. Das sind vor allem jene Menschen, denen ein niedriges

‚kulturelles Kapital'[78] zugerechnet wird und die damit einhergehend auch finanzielle bzw. berufliche Konsequenzen zu spüren bekommen. Wie anders ist es zu erklären, dass einerseits die ‚Besonderheit' des Einzelnen als notwendige Geltungsbedingung [79] gilt, andererseits aber nach wie vor abweichende Lebensstile, Normen, Ethnien bis hin zu Erkrankungen nicht als Kehrseite dieses Vorgangs, sondern als Problem des einzelnen Menschen selbst, gewissermaßen als ‚abnormal' ausgegrenzt und stigmatisiert werden?

Diese Ambivalenz ist beachtenswert, zeigt sie doch das Streben von menschlichen Gemeinschaften nach einer sinnstiftenden Norm, die gleichermaßen über allen zu stehen scheint, aber doch dem Prozess der Selbstverwirklichung antithetisch [80] gegenübersteht. Müsste, dem Gesetz der Logik folgend, nicht mittels des Ziels

---

[78] **kulturelles Kapital:** notwendig um sich selbst und seine Ziele zu verwirklichen, z.B. in Form von Werten und Einstellungen, die ‚gefragt' sind (zusammen mit finanziellen Mitteln)

[79] **notwendige Geltungsbedingung:** Einzigartigkeit, Unverwechselbarkeit als Voraussetzung um Zuspruch, Anerkennung durch Umwelt zu erhalten

[80] **antithetisch**: Synonym für gegensätzlich oder widersprüchlich

individueller Selbstentfaltung auch eine Toleranz gegenüber anderen Perspektiven eingeschlossen sein? Doch mit Blick auf den nächsten Abschnitt und der Betrachtung des Verkaufsprozesses bei Erwerbslosen, zeigt sich genau das Gegenteil. Es werden Menschen, die dem Verkauf des eigenen Lebens entgegenstehen, sei es aus Gründen ihrer vermeintlich ‚fehlenden Verwertbarkeit' (worauf noch einmal kritisch zu sprechen sein wird) oder aus Überzeugung sich diesem Vorgang nicht unterordnen zu wollen stigmatisiert, benachteiligt und ihre Verhaltensweise als ‚Schmarotzertum' ins Lächerliche gezogen.

Es mutet sehr zynisch an, sich den Werbeslogan des Unternehmers Jochen Schweitzer in diesem Zusammenhang zu verdeutlichen: *‚Du bist, was du erlebst!'* Treffend und doch abstoßend zeigt dieser Leitsatz die derzeitige gesellschaftliche Ausrichtung im Bezug auf den stetigen Akt der ‚Prostitution' in unser aller Leben. Eine Gesellschaft, die sich nur über den

Wettstreit der besten Erlebnisse, der größten Statussymbole sowie der immerwährenden Selbstoptimierung [81] zum Zwecke des Bestehens in einer Gesellschaft der Egomanen ausdrückt.

Einer Gesellschaft, in der nicht der Mensch, nicht dessen Wesen, sondern dessen Verkaufswert, anhand materieller wie kultureller Besitztümer bestimmt wird.

Eine Gesellschaft, die Selbstverwirklichung für alle verspricht, jedoch die Einzigartigkeit des Menschen zum kapitalistischen Warenobjekt mutieren lässt! Der Mensch ist nun nicht mehr von sich aus wertvoll, nein, er muss sich diese durch die Bewertung seiner Umgebung ‚käuflich bescheinigen zu lassen!'

Dieser Umstand lässt sich gleichfalls im Freundeskreis sowie der Wertschätzung Anderen gegenüber beobachten. Zum einen tendieren wir, als derzeitige Mitglieder der bundesdeutschen

---

[81] **Selbstoptimierung**: Das Ziel sich selbst und damit seine Ziele bestmöglich zu verwirklichen (auch: körperliches Aussehen, Fitness, Selbstbestätigung erfahren).

Gesellschaft, zu einer Art ‚Auslese' was den engsten Kreis an Menschen betrifft, die wir an unserem Erleben teilhaben lassen. - Um dem Irrtum entgegenzutreten ich meinte unter Umständen die Art, sich Menschen ins nähere Umfeld zu holen, die ‚Einem guttun' – das ist keinesfalls das was ich kritisieren will und werde! Was ich jedoch ausdrücklich und in aller Schärfe kritisieren möchte ist, dass die Tendenz innerhalb unserer gegenwärtigen Gesellschaft besteht, lediglich mit jenen Menschen zu verkehren, die *‚dem eigenen Status oder der eigenen Meinung'* entsprechen! Diese Art Auslese führt nicht nur zu einem immer weiter schwindenden Blick auf real-gesellschaftliche Prozesse, sondern darüber hinaus auch zu einer ‚Exklusivität sozialer Ordnung.'[82] Ich habe den Begriff der ‚Auslese' bewusst gewählt, wohlwissend, dass dieser sehr negativ belegt ist und doch halte ich ihn hier für

---

[82] **Exklusivität sozialer Ordnung:** Jeder umgibt sich nur mit jenen Menschen, die seine Meinung teilen bzw. seinen Lebensstil folgen können, ein Austausch findet nicht mehr statt. Dies hat zur Folge, dass die Fähigkeit zum ‚sich in mein Gegenüber bzw. dessen Lage zu versetzen', zunehmend verloren geht.

passend. Findet ein gesellschaftlicher Dialog denn noch statt oder suchen wir einzig nach Menschen, die unsere Meinung/ unseren Lebensstil teilen können? Erniedrigen wir nicht diejenigen, die nicht diesen Stil partizipieren[83], indem wir ihnen von Beginn an jede Chance auf Teilhabe in unserem Leben verweigern? Diese Entwicklung zeigt sich einmal mehr am anschaulichsten in den sozialen Medien. Jeder erhält Meldungen, Freundschaftsanfragen, ja sogar Veranstaltungshinweise, die seinem Nutzungsverhalten (heißt: was ihm/ ihr gefällt) entspricht. Die Folge ist eine stückweise Entfremdung von der realen Umwelt, die nun mal (sehr banal, ich weiß) aus verschiedensten Meinungen, Menschen und Lebensstilen besteht.

Weiterhin kommt der Umstand zum Tragen, den ich unter ‚Abwertung des Anderen' verstehe. Aus der Permanenz des Wettstreits/ des Verkaufs von Inhalten aus dem eigenen Leben erwächst, wie wir

---

[83] **partizipieren**: mitmachen, Anteil haben an etwas (hier: die Menschen, denen wir unsere Beachtung schenken)

sehen werden, zweierlei: die zwanghafte Wandlung hin zu einem statusorientierten Wesen, das auf Andere herabblickt und das frustrierte Individuum, das den Wettkampf zu verlieren droht und daher den Frust an die Schwächeren weitergibt. Der erste Fakt, die durch den Verkauf bedingte Hinwendung zum ‚Statussubjekt' [84] zeigt sich durch das Verständnis des Einzelnen, ein ‚höheres Wesen' zu sein, besser als Andere. Man kann im Wettkampf mithalten, ist somit Teil des scheinbaren Erfolgs. Diejenigen die dies nicht können, aus materiellen, kulturellen oder auch sozialen Gründen, sind demnach ‚unter dem Subjekt' verortet (zumindest aus seiner Sicht). Doch das ist keineswegs ein Ruhekissen! Das menschliche Wesen muss permanent um seine Stellung fürchten, kann sich dem Wohlwollen seiner Umgebung nie gewiss sein. Damit ist, wie ich bereits angedeutet habe, ein Pool voller

---

[84] **Statussubjekt** meint hier einen Menschen, der sich ausschließlich über den Zuspruch seiner Umgebung definiert, welcher wiederum auf der Existenz materieller Dinge (z.B. tolle Reisen, hochpreisige Autos) basiert.

Enttäuschungsmomente geebnet, die sich zuvorderst in der Abwertung von Anderen ausdrückt. Sobald ein Mensch nicht mehr in der Lage ist, den Konkurrenten Paroli bieten zu können (selbstredend über die Präsentation eigener Erfolgsmomente) und folglich ins Hintertreffen gerät, bilden sich negative Gefühle wie Angst, Trauer und Wut heraus. Kein Problem, oder doch?

Denn anders als das Individuum, das an einer diversen, vielfältigen Gesellschaft Teil hat und deshalb um den subjektiven Charakter[85] dieser Vorgänge weiß, ist es für den Menschen innerhalb des ‚Verkaufsmechanismus' unmöglich geworden, seine Identität, seine Selbstentfaltung anders, als über die beurteilende Stimme des ‚Besonderheitswertes' zu bestimmen. Folglich verliert der Mensch mit der Anerkennung seiner Umwelt auch seinen bisherigen Lebensinhalt sowie seine

---

[85] **subjektiver Charakter:** Die Bewertung, was als ‚außergewöhnlich' und folglich bewundernswertes erscheint, liegt im Auge des Betrachters (bspw. den Menschen meiner Umgebung).

geglaubte Stellung innerhalb der sozialen Ordnung. Aufgrund der einseitigen, auf die tagtägliche ‚Prostitution' hinwirkende, gesellschaftliche Bewertung hat der einzelne Mensch auch niemals gelernt, seine Meinung auf dem Ergebnis eines umfangreichen, sich zum Teil auch widersprechenden, Dialog-Prozesses zu bilden. Es gab doch nur ‚wertvoll' und ‚wertlos', eventuelle Schattierungen waren und sind dabei nicht vorgesehen! Was ist die Konsequenz daraus? Ist der Mensch nun aus seiner Verantwortung entlassen? Sind die jetzt auftretenden Nazis, die ‚besorgten Bürger' und Radikalisierten jedweder Art ‚unschuldig', nur ein Produkt ihrer Umgebung? – Nein! Jeder Mensch entscheidet selbst, ob und inwieweit er sich jenen ‚Ausverkauf des Lebens' und der eigenen Beschränkung des Denkvermögens hingibt und welche Menschen er/sie an seinem/ihrem Dasein teilhaben lassen möchte. Dennoch ist es enorm wichtig sich vor Augen zu führen, dass es dieser tägliche Akt von

‚Prostitution' ein nicht zu unterschätzender Faktor im Hinblick auf Radikalismen unserer Zeit darstellt.

Hierzu gehört ebenso die Zeit und der ‚Primat der Leistung', den ich schon des Öfteren erwähnt habe: *‚Wie viel Zeit lässt man dem Verkaufsprozess im eigenen Leben? Gibt man sich Zeit um diese Vorgänge zu verinnerlichen, vielleicht zu überdenken?'* Gleiches gilt für den ‚Primat der Leistung', der unser Dasein immens durchsetzt hat. Führen wir uns vor Augen: *‚Wie oft denke ich an das, was ich noch zu erledigen habe? Habe ich ‚das Recht' mich zu entspannen, fernab des absolvierten Leistungspensums[86]? Ist ein derart indoktrinierter Leistungsanspruch nicht eine Art Fremdbestimmung, der wir uns aus guten Gründen widersetzen sollten?'* Gerade der Punkt der Leistung ist in seiner Abartigkeit kaum zu fassen! Wenn wir uns lediglich Ruhe gönnen, wenn immer alles perfekt ist, wenn sich die Zufriedenheit erst mit einem stetig

---

[86] Das **Leistungspensum** meint die absolvierten Dinge, die ich an einem Tag erledige/ erledigen muss, um mit ‚mir selbst' zufrieden sein zu können.

wachsenden Arbeitsaufwand einstellt und diese zum ‚Junkie' des Geleisteten wird, haben wir dann überhaupt noch einen Raum, ein Erleben, dass einem „Leben" im Sinne der Selbstentfaltung, ebenso der Freude und des Glücks gleichkommt? Oder ist es vielmehr eine Despotie[87] der wir uns jedes Mal aufs neue aussetzen, an derer wir letztlich zugrunde gehen, zugrunde gehen müssen?

Diese Momente führen mich zu weiteren Fragen: In was für einer Gesellschaft leben wir eigentlich? Ist der oft gepriesene Postmaterialismus[88] denn nur eine hohle Phrase? Bestimmen nicht wie eh und je materielle Gegebenheiten, den Stand des Menschen und ist der Begriff der ‚Prostitution' nicht viel zu einseitig verwendet? Ein jeder möge selbst über diese Fragen nachdenken und zu einem Urteil kommen. Ich selbst bin dahingehend alles andere als optimistisch,

---

[87] **Despotie**: schrankenlose Gewalt, eine willkürliche Herrschaft

[88] **Postmaterialismus** ist ein Begriff, der den Wandel in der Gesellschaft von auf materiellen Bedürfnissen (wie Versorgung mit Nahrungsmitteln, Kleidung etc.), hin zu ideellen Inhalten (bspw. dem Ziel der Selbstverwirklichung) beschreibt.

ob die oft zu recht gegeißelte Prostitution, nicht schon längst Teil unseres ‚täglich Brotes' geworden ist.

3. Die Arbeitslosigkeit:

Insbesondere in diesem Bereich zeigt sich das, was ich zuvor unter dem Begriff der ‚Abwertung des Anderen' bezeichnet und teils kritisiert habe. Zunächst wollen wir uns auch hier die Abhängigkeit der Menschen in Not gegenüber einer gnadenlos-agierenden Bürokratie anschauen, ehe wir auf die mit dem Jobverlust einhergehende Stigmatisierung der Menschen eingehen.
Ähnlich wie im Bereich der Ausbildung (beispielsweise mit Blick auf die Finanzierung und ihrer somit erzwungenen Abhängigkeit von bürokratischen Akteuren), tritt auch an dieser Stelle die Notlage von Menschen sowie deren strategisches Ausnutzen durch Behördenmitarbeiter in Erscheinung. So wird mittels ‚staatlicher Unterstützung' (genauer: Hartz IV) nicht

die Hilfe zur Selbsthilfe, sondern deren ‚Nutzen' im Sinne der Behörde gefördert. Es geht nicht um die Stärken des Einzelnen, dessen Begabungen oder langfristige Unabhängigkeit von staatlichen Zwängen - ganz im Gegenteil! So werden Menschen, welche sich eh schon in einer schwierigen Lebenslage befinden, durch die Mitarbeiter in den ‚Jobcentern' vor weitere Probleme gestellt. Sie werden degradiert[89], entmenschlicht und, darauf wird besonders Wert gelegt, als ‚totale Versager' im Sinne ihres vermeintlich gesellschaftlichen ‚Ranges' dargestellt. Nichts scheint unmöglich, im Dunstkreis der Bürokratie. Einerseits besteht durch die finanziellen ‚Hilfen' (sofern man diese als solche überhaupt bezeichnen kann) ein permanenter Druck, seitens der Behörde, sich jedem Angebot zu beugen, ob dies nun den eigenen Fertigkeiten oder Vorstellungen entspricht, spielt keine Rolle. Man wird zum ‚Verlierer' im Verkaufsprozess der Gesellschaft, der

---

[89] **degradieren:** jmd. herabwürdigen, erniedrigen

keinen oder nur einen geringen ‚Marktwert' inne hat und deswegen jede Möglichkeit, die soziale Leiter wieder erklimmen zu können, wahrnehmen müsse. Doch damit ist es nicht getan. Die Menschen werden als ‚faul', ‚arbeitsunwillig' oder sogar zuweilen als ‚minderbemittelt' behandelt und dies hat einen Grund: den Menschen derart zu ‚brechen', dass er sich widerstandslos dem Verkaufsprozedere unterwirft! Dabei werden allerhand Methoden angewandt, die sich eignen, um Menschen ‚gefügig' zu machen. Zum einen wäre da die Drohung mit der Kürzung von Leistungen und weiterer Sanktionen. Weiterhin können sich die Restriktionen[90] behördlicher Art auch auf den Bewegungsradius des Betreffenden auswirken. *‚Wer wann, wohin gehen kann und darf'* – wie soll dem Menschen unter diesen Verhältnissen ein ‚sozialer Aufstieg' oder gar die Chance zur Selbstentfaltung gelingen? Die Arbeitsagentur legt in dem

---

[90] **Restriktion**: Einschränkung von Rechten oder Möglichkeiten

Umgang mit ihren ‚Kunden' ein Menschenbild an den Tag, das vielleicht vereinzelt stimmen, jedoch niemals auf jeden Einzelnen gepresst werden kann!
Häufig bekomme ich zu hören: *‚Das sind doch alles Schmarotzer! Die haben nur keinen Bock zu arbeiten und wollen sich dann von uns [den Arbeitenden, N.P.] aushalten lassen! Sieh' dir nur mal an, was die alles bezahlt bekommen und ich muss dafür arbeiten [...]!'* Mag sein, dass es Menschen gibt, die nicht arbeiten wollen – Na und! – an denen kann man sich nicht ausrichten. Das Gros [91] der Betroffenen wäre jedoch sicher froh, einer regulären Beschäftigung nachgehen zu können und nicht unter dem Joch der BA [92] ihre Tage verbringen zu müssen! An diesem Ausschnitt zeigt sich einerseits, wie stark sich der ‚Primat der Leistung' in das kollektive Gedächtnis gefressen hat, andererseits die Wertzuschreibung sowie der Neid (als Begleiterscheinung des

---

[91] **das Gros**: überwiegende Teil einer Gruppe oder Anteil derer
[92] **BA:** Bundesagentur für Arbeit

Veräußerungsvorgangs) den Umgang zwischen den Menschen bestimmt!

Gerade der Umgang mit den wirtschaftlich Schwachen zeigt den unmenschlichen, ja asozialen, wunden Punkt unserer Gesellschaft. Jeder der, ob unverschuldet oder nicht, seine Anstellung verliert, wird die soziale Stigmatisierung nach dem Credo *,Die sind doch alle gleich!'* zu Teil. Das heißt, neben dem bereits vorhandenen wirtschaftlichen Einbußen infolge des Jobverlusts, gesellt sich nun auch noch ein sozial-gesellschaftlicher Verlust hinzu! In diesem Kontext tritt wahrlich die der bundesdeutschen Gesellschaft innewohnende Floskel *,Du bist, was du hast!'* zu Tage – inhuman, kapitalistisch und egoistisch! Und dieser Prozess hat seine Ursache, so nehme ich an, in dem tagtäglichen Verkauf eines jeden von uns. Er lässt uns blind für unsere Mitmenschen werden, lässt uns den Anderen nur noch nach dessen ,Nutzen' betrachten, fragt nicht mehr nach dem Menschen, dessen Seele, dessen

Träumen. Ein jeder von uns trägt einen Anteil an der Entwicklung, wie ich sie hier versuche zu skizzieren, ob nun durch anonyme Kommentare im Netz, dem Gespräch mit Freunden oder im Beruf.

Dabei wird allzu gern vergessen, wer denn eigentlich der zu kritisierende Akteur ist – die Behörde sprich die BA! Kann man einem Menschen wirklich vorwerfen, sich in dieser Lage aus Bevormundung, Demütigung und Drangsalierung zu ‚bereichern'? Ist es nicht Sache der Behörde zu entscheiden, was und wie viel dem betreffenden Menschen bezahlt wird? Würde man nicht selbst, wenn man sich in einer vergleichbaren Position wiederfindet, ähnlich handeln? Ist es tatsächlich so, dass man sich in dieser Abhängigkeitsbeziehung selbst beschneiden würde, um des gesellschaftlichen Friedens willen? Das darf doch schwer bezweifelt werden! Ich möchte damit sagen, dass sich ein jeder selbst, hinsichtlich seiner eigenen Motive, hinterfragen sollte, statt mit blindem Neid und Missgunst nur nach dem zu trachten, was der Eine haben könnte, was Einem selbst scheinbar verweigert wird. Verdeutlichen wir uns, dass dieses Gemisch an feindseligen Attitüden[93] das Produkt dessen ist, was ich als alltäglichen Verkaufsprozess gezeigt und kritisiert habe. Lassen wir es zu, dass Menschen einander nur noch danach beurteilen, was ihnen im Vergleich zum Anderen vermeintlich fehlt oder werden wir uns den Folgen dieses ‚Ausverkaufs' bewusst und fragen nach möglichen Alternativen?

2.5 Der Verkauf im Privaten:

1. Die Profilierung über den Kauf und

die Bewertung von Gütern:

Diese Form des Verkaufs kann als spezielle Art dieses Prozesses verstanden werden. Hierbei dient der Erwerb von materiellen Gütern als ‚Ausgleich', man könnte gleichermaßen von Betäubung

---

[93] **Attitüde** meint hier eine Einstellung, eine Haltung, die eingenommen wird.

sprechen, von sozialer Enttäuschung, die sich im Rahmen der ‚Prostitution' unseres Lebens vollzieht. Auch hier dient das Internet als Beschleuniger dieser Einstellung. So muss man nicht länger aus dem Haus gehen, um sich mit Waren diverser Natur einzudecken. Das dabei die soziale Komponente, namentlich der Kontakt mit realen Menschen zunehmend obsolet[94] wird, ist allzu augenfällig. Dieser Umstand verstärkt indes die Abhängigkeit vom Bewertungsprozess durch soziale Medien, die als ‚Ersatz' für den realen Austausch dienen. Speziell die Bewertung der gekauften Waren und Dienstleistungen nutzt dem Käufer zur eigenen Profilierung. So kann er sich gegenüber jenen, die sich für ein gleichwertiges Produkt entscheiden, mittels seiner geäußerten Meinung ‚Expertise' [95] aneignen und diese zur Erhöhung des eigenen kulturellen ‚Wertes' brauchbar machen. Als ‚Kenner' sichert

---

[94] **obsolet**: etwas ist nicht mehr zeitgemäß, überflüssig
[95] **Expertise**: Synonym für Wissen, Kenntnis von etwas (hier: über die Bewertung entsprechender Waren)

sich der Mensch Beachtung und Lob seiner Umgebung, welche wiederum im ‚Kampf um die persönliche Einzigartigkeit' zur Geltung kommt. Auch an dieser Stelle veräußert sich der Mensch, nämlich über die Daten, welche er in sozialen Netzwerken oder Onlineshops zur Verfügung stellt. Daraus entwickeln die Unternehmen und Betreiber ein spezifisch-zugeschnittenes Warenangebot, das dabei helfen soll, dem Konsumenten seiner Einzigartigkeit (zumindest falls man sich ausschließlich über den Kauf von Waren zu definieren weiß) Geltung zu verschaffen. Damit einher geht ein immer weiter wachsender Ausverkauf der eigenen Lebensinhalte an die betreffenden Unternehmen, die nun zum Teil besser zu wissen scheinen, was ‚Mann/Frau X aus Y braucht', als es diese(r) selbst auszudrücken vermag. Das Ergebnis ist der oft bescholtene ‚gläserne Bürger.' Unter diesen hier angeführten Tendenzen kann man ohne Übertreibung sagen, dass der ‚gläserne Bürger' nichts anderes ist, als eine der sichtbarsten Formen der tagtäglichen Veräußerung des Menschen unserer Zeit.

Indes verdient auch eine weitere diesbezügliche Erscheinung unsere Aufmerksamkeit, welche sicherlich die meisten mit dem Ausverkauf des Lebens verbinden dürften – die Biografie.

2. Biografien – „Die Veräußerung des Selbst" in Perfektion:

Der Komplex der persönlichen Biografie, welche man in den Warenhandel ,an den Mann/ die Frau zu bringen' sucht, ist gewiss die Form mit der man das Phänomen menschlicher ,Prostitution' am bildlichsten darstellen kann. Aber ist das nicht gewagt? Dienen uns biografische Werke Anderer nicht als Quelle selbst zu lernen und an den Erfahrungen der Handelnden teilzuhaben? Nein! Und ich werde nachfolgend versuchen dies zu begründen, weshalb die Biografie für mich den Ausverkauf des Menschen am lebhaftesten zeigt. Wenn Menschen ihre Lebensgeschichte erzählen so ist das, ohne Zweifel positiv. Insbesondere bei Zeitzeugenberichten, die uns vergangene Geschehnisse und Erfahrungen vor Augen führen und somit ‚wach halten'. Das gilt umso mehr für Ereignisse oder Personen, die entweder aufgrund ihrer Zeitspanne weit zurückliegen, um für uns noch ‚fassbar' zu sein oder schlicht nicht mehr von ihren Erinnerungen berichten können, da sie bereits verstorben sind – das ist nicht der Punkt. Der Punkt ist folgender: verkaufen Menschen nicht mit ihren Erinnerungen oder Lebensgeschichten sich selbst und das zumeist zum Zwecke des Gelderwerbs? Ist dieser Umstand nicht das, was den Begriff der Prostitution kennzeichnet, den Verkauf des Menschen für einen Geldbetrag? Sicher, wir bewegen uns hier nicht auf der körperlichen, sondern auf der seelisch-emotionalen Ebene, insofern nicht der Mensch seinen Leib, wohl aber seine Gedanken, Gefühle, sein ‚Innerstes' zum käuflichen Erwerb anbietet. Wie bereits gesagt, möchte ich damit keineswegs den Wert von Biografien per se [96] anzweifeln oder gar diesen absprechen! Doch es besteht meiner Meinung nach ein Unterschied, ob ich meine Erinnerungen zwecks ‚Aufklärung' bzw. Aufarbeitung einer Sachlage niederschreibe und mich an die Öffentlichkeit wende, wie dies bei Zeitzeugenberichten z.B. im Falle von Unrecht in Diktaturen stattfindet oder ob ich versuche aus alltäglichen Erlebnissen, wie dem Besuch im Friseursalon mit fatalem Ausgang Profit zu schlagen und mich selbst zu profilieren! Speziell wenn es um, aus meiner Sicht, völlige Selbstverständlichkeiten, wie Hilfeleistungen in Notlagen geht! Gewiss, der Grad ist ein Schmaler und nicht klar abzugrenzen, aber das ich mich als Person für den Zweck des Einkommens veräußere, kommt den Umstand einer Prostitution schon sehr nahe. Wenn man

---

[96] **per se** (lateinisch): von selbst, von sich aus

sich anschließend versucht zu profilieren, so ist dies nichts anderes als ein Beleg für das Handeln des betreffenden Menschen im Mühlrad des Verkaufsprozesses, mit dem Ziel möglichst einzigartig zu erscheinen und mich der Begeisterung meiner Umwelt zu vergewissern.

Abschließend möchte ich, bevor ich auf die Auswüchse des ‚sich Verkaufens' im Bereich der Rente sowie der Bedürftigkeit und selbst im Ableben eines Menschen eingehe, nochmals ein paar bilanzierende [97] Worte zu unserer gegenwärtigen, gesellschaftlichen Situation schildern:

Wir fristen unser Leben in einer Gesellschaft, welche die freie Entfaltung von jedermann routinemäßig betont und doch diese nicht ansatzweise dazu in der Lage ist sie zu garantieren. Wir leben in einer Gesellschaft, in der Menschen zu bloßen Waren mutiert sind, deren Einzigartigkeit nicht qua [98] Geburt

---

[97] **bilanzierend**: eine Abrechnung durchführen (hier: zur bundesdeutschen Gesellschaft)

[98] **qua**: Synonym für mittels, durch etwas (hier: Einzigartigkeit des Menschen von Geburt an)

gegeben, sondern erst durch einen gesellschaftlichen ‚Wertmaßstab' festgesetzt wird. Dieses Bild mag düster gezeichnet sein und doch frage sich ein jeder, ob das von mir gezeichnete Bild nicht schon längst traurige Realität geworden ist...

2.6 Exkurs: Die Gesundheit im „Ausverkauf?"

Man könnte meinen, die bisherigen Schilderungen seien Beleg genug, die Frage nach dem ‚Verkauf' des Menschen in der bundesdeutschen Gesellschaft zu beantworten. Doch fehlt hier nicht ein wichtiger Lebensbereich – nämlich die Gesundheit? Es mag paradox[99] klingen, gilt der Gesundheitsbereich (Krankenhäuser, Pflegeeinrichtungen oder auch in Bezug auf den eigenen Körper) eigentlich als ‚sorgender Sektor.'[100] Aber ist das wirklich der Fall? Erreicht die

---

[99] **paradox**: etwas Widersprüchliches, Gegensätzliches (hier: Sorge nach der Gesundheit vs. Kosten für Gesundung des Patienten)

[100] **‚Sorgender Sektor'** meint hier den Anspruch im Krankheitsfall den Patienten bei der Genesung beizustehen (finanziell wie beratend).

Veräußerung des Menschen nicht gerade hier einen schier ekelerregenden Zenit und steht das nicht im Widerspruch zur gesellschaftlich zuerkannten Aufgabe des Gesundheitswesens? Auf all jene Fragen werde ich eingehen und aufzeigen, dass selbst mit dem eigenen Körper und dessen Gesundheit ein nahezu dämonisches Spiel getrieben wird.
Beginnen wir mit dem, was ich unter dem Banner ‚Wohlbefinden als Ware' verstanden wissen möchte. Hierbei ergibt sich mit Blick auf die Krankenkassen als ‚Absicherung im Krankheitsfall', bereits der erste Widerspruch. *‚Arbeiten diese nicht kostenorientiert und sind bestrebt möglichst geringe Leistungen zu vergeben? Handeln Ärzte nicht selten gemäß dem Schlagwort ‚lieber Medikament A statt B', um höhere Bezüge zu erhalten? Werden nicht vordergründig Privatrezepten und –patienten gesetzlichen Formaten und Personalien vorgezogen, dem Umsatz willen?'* Es geht mir dabei nicht darum, Ärzte grundsätzlich

als ‚kapitalistisch', das heißt, ausschließlich gewinnfokussiert darzustellen, denn auch ich bin mir den wirtschaftlichen Zwängen zum ‚kostendeckenden Arbeiten' bewusst. Mir geht es vielmehr um eine tieferliegende Problematik: *‚Findet mit der Orientierung gen [101] Finanzen nicht eine Behandlung statt, die sich zwangsweise zum Nachteil der Patienten auswirken muss?'* Und zweitens: *‚Ist die Kostenfixierung [102] seitens der Krankenkassen oder auch Berufsgenossenschaften nicht auch eine Spielart des Verkaufs des Menschen, mehr noch, seiner Gesundheit?'* Denn ein Jeder von uns gibt über den Arzt seines Vertrauens die persönlichsten Bio-Daten [103] weiter, eben auch an die Krankenkasse. Aus diesen Daten wiederum wird im ‚Krankheitsfall' ermittelt, wie viel Leistung ich von der jeweiligen Kasse oder Genossenschaft erhalte.

---

[101] **gen**: in Richtung, nach

[102] **Kostenfixierung**: Die einseitige Ausrichtung nach möglichst geringen Ausgaben, im Zweifelsfall auch gegen etwaige gesundheitsfördernde Maßnahmen

[103] **Bio-Daten** meint biometrische Informationen wie Gewicht, Größe oder auch Krankheitsverläufe einer Person.

Verhält es sich also hier nicht ähnlich dem ‚gläsernen Bürger‘, welcher sich über die Preisgabe seiner Daten im Netz verkauft? Ich glaube es spricht einiges für den eben gezogenen Vergleich und doch ist dieser noch perfider[104], da es sich wie gesagt um den eigenen Körper und dessen Beschaffenheit handelt.

Damit einher geht eine gesellschaftliche Bewertung des ‚idealen‘, weil vor Gesundheit strotzenden Menschen. Dieses Menschenbild wird uns nahezu omnipräsent vermittelt, ob nun in TV-Spots, Plakaten oder auch Beiträgen auf social media. Was diesem ‚Bild‘ zugrunde liegt, ist wieder einmal der Charakter einer ‚Prostitution‘ des eigenen Lebens! Warum? Weil wir ein Bild eines ‚perfekten Menschen‘ verinnerlicht bekommen, dessen Lebensstil scheinbar auch noch belohnt wird, egal ob man jetzt von Kommentaren in den sozialen Netzwerken oder beispielsweise von ‚Gesundheitsboni‘ [105] seitens der

---

[104] **perfide**: in besonders übler Weise gemeines Handeln
[105] **Gesundheitsboni**: Manche Kassen zahlen bei Nachweis besonders

Krankenkassen spricht! Dabei haben diese Unternehmen oder gesetzlichen Instanzen keineswegs das Wohlergehen des Einzelnen im Auge, wie man vielleicht geneigt wäre zu glauben, sondern im Gegenteil dessen Kosten. Was meine ich damit? Firmen profitieren von Kunden, welche ihre Produkte, also z.B. Sportuhren und dergleichen kaufen und somit Gewinn erzeugen können. Dazu gehört freilich auch die Auswertung der so unter Umständen gesammelten Daten, wie wir bereits im letzten Kapitel gesehen haben.

Krankenkassen oder auch Berufsgenossenschaften allerdings möchten möglichst wenig Kosten durch den einzelnen Patienten zu befürchten wissen, also müssen die Menschen folglich dazu angeleitet werden, einem ‚Körperkult' [106] nachzueifern. Was eignet

---

geringer Krankheitsanfälligkeit oder sportlicher Betätigung, auch Fürsorgeuntersuchungen, eine finanzielle Prämie.

[106] **Körperkult**: Es steht ein Ideal des perfekten Menschen im Raum, welcher sportlich aktiv und ästhetisch ist und folglich uneingeschränkt nachahmenswert erscheint.

sich da besser für die Motivation als finanzielle Spesen?

Im gesamtgesellschaftlichen Zusammenhang zeigt sich, dass die Bewertung des eigenen Körpers mittlerweile zu einem neuen Höhepunkt gekommen ist. Nahezu täglich teilen Menschen die gelaufenen Kilometer sowie die benötigte Zeit mit den Kontakten auf Facebook, Twitter und Co. Immerzu werden Fotos auf dem Weg oder teils auch im Fitnessstudio gemacht. Wenn man sich den bisher beschriebenen Verkaufsprozess näher betrachtet, so lässt sich dieser Umstand sehr treffend in das Muster der Veräußerung integrieren! Man versucht sich bzw. seinen Körper für den Erhalt von Aufmerksamkeit, Lob oder z.T. auch finanziellen Zuwendungen gegenüber seiner näheren Umgebung zu verkaufen – die eingangs bemühte ‚Analogie' hinsichtlich der Prostitution, könnte nicht erschreckender, wenn gleich nicht treffender sein!

Indes zeigt sich auch in diesem Bereich wieder eine Abwertung Jener, die nicht den körperlichen Idealvorstellungen oder dessen, was als ‚normal' gilt, erfüllen. Das ‚Bashing' [107] hinsichtlich des Aussehens bringt nicht nur die schon im ersten Kapitel beschriebene Tendenz der zunehmenden Oberflächlichkeit im Denken und Handeln mit sich, sondern überdies auch die betreffenden Individuen in eine schier ausweglose Lage. Stets mit Idealen, ob nun in Gestalt des Körpers oder auch des persönlichen Glücks, konfrontiert, wirkt die gesellschaftliche Keule umso schwerer, da sie a) immerzu präsent und somit b) von allen erreicht zu werden scheint. Hierbei spielen auch die ‚Werbeversuche' der Krankenkassen eine Rolle, verstärken sie diese Emotion des ‚Versagens', des ‚nicht Normal-Seins' noch zusätzlich. So fühlt man sich nicht nur als unzureichend-gesellschaftlich wertgeschätzt, sondern auch als ‚Kostenfaktor', welcher im Gegensatz zu

---

[107] **Bashing (englisch):** heftige, herabsetzende, kritische Äußerung

Anderen zwar gleichfalls eine Leistung erhält (in Form von Geld beispielsweise), aber im Gegenteil diese nicht als Belohnung, eher als Bürde daherkommt, da mit ihr auch zahlreiche bürokratische Prozesse verbunden sind.

Noch eindrücklicher ist hierbei das Beispiel der Berufsgenossenschaften. Zum einen zahlen Menschen Beiträge, um im Ernstfall einen finanziellen Ausgleich erhalten zu können. Doch wenn sich dann zu den körperlichen Beschwerden, noch Auseinandersetzungen mit der BG [108] gesellen, erscheint das zutiefst widersprüchlich! Ein Akteur, der (so sollte man annehmen) die Gesundheit seiner Mitglieder als oberste Prämisse haben sollte und dann nichts unversucht lässt, möglichst keinerlei Leistung übernehmen zu müssen, ist nicht nur an Dreistigkeit nicht zu überbieten, sondern zeigt auch sehr plastisch [109], das widersprüchliche Verhältnis zwischen dem

---

[108] **BG**: Berufsgenossenschaft
[109] **plastisch**: Synonym für etwas treffend, bildhaft zum Ausdruck bringen

Selbstverständnis derartiger Instanzen und deren realen Erscheinungsbild!

Zuletzt möchte ich kurz auf die Pflege eingehen. Gerade die Werbung für Pflegeeinrichtungen erscheint mir ‚geeignet' um auf den Verkaufsprozess des Menschen im Alter zu verweisen. So werden die Einrichtungen in den schillerndsten Farben gezeichnet – freundliches, immer hilfsbereites Personal, ‚rund um die Uhr-Betreuung' und finanzielle Sicherheit - die perfekte Betreuung für das Alter scheint gesichert – oder doch nicht?

Mit geht es hierbei keinesfalls um eine Schmälerung des Engagements der vielen Pfleger*innen, die sich Tag für Tag unter den widrigsten Umständen bemühen, einen menschlichen Umgang mit den Patienten zu ermöglichen! Und trotzdem möchte ich fragen: *‚Ist diese Werbung nicht ein Versuch Menschen anzukaufen? Wird im Pflegebereich nicht in Erwartung der Bedürftigkeit von Menschen Geld gemacht? Kann man diese Erscheinung*

nicht auch als ‚Prostitution' bezeichnen, wenn in der Frage nach einem Heimplatz für den Lebensabend gleichfalls die Frage nach dem Satz von Pflegegraden steht?'
Diese Fragegestellungen sollen nachfolgend betrachtet werden und aufzeigen, wie es tatsächlich um das ‚Altern in Würde' bestellt ist.

2.7 Der Lebensabend:

1. Die Unterbringung in

Pflegeeinrichtungen und das „Altern in Würde":

Wie bereits zuvor geschildert ergibt sich in der Frage nach der Bedürftigkeit ein weiterer Aspekt innerhalb des menschlichen Verkaufsprozesses. So wird seitens der Krankenkassen, ähnlich wie mit Blick auf die ‚Unterstützung der Pflegeleistung', zweierlei sichtbar: Erstens, das Wagnis aus dem Gesundheitszustand eines Menschen einen Geldbetrag zu errechnen und zweitens, der Versuch der Nutzbringung[110] eben jenes Betrages durch öffentliche Träger.[111] Gerade in der Frage nach dem möglichen ‚Pflegegrad' sowie der damit einhergehenden bürokratischen Mechanismen, scheint die aufgebrachte Thematik erneut zentral zu werden. Denn insbesondere die Feststellung des Grads an ‚Bedürftigkeit' sowie der daraus folgenden ‚Leistung' ist in meinen Augen ein weiterer Beleg für den Ausverkauf des Menschen, der keineswegs vor dem Alterungsprozess halt macht – ganz im Gegenteil! Auch hier findet eine Bewertung seitens staatlicher Stellen statt, die den Einzelnen nach dessen ‚Wert' (im Sinne seiner körperlichen und geistigen Fähigkeiten) zu erfassen sucht. Gleichfalls findet der Aspekt der Kalkulation bzw. Spekulation mit menschlichen Gesundheitsverläufen statt. Indem beispielsweise Pflegeeinrichtungen

---

[110] **‚Versuch der Nutzbringung'** bezeichnet den Versuch, gesundheitliche wie mentale Probleme des einzelnen Menschen dem ‚Primat des Gewinns' unterzuordnen.

[111] **öffentliche Träger:** z.B.: Pflegeeinrichtungen (staatlich wie privatwirtschaftlich), Versicherungen usw.

danach streben möglichst viel Geld für den einzelnen Patienten zu erhalten, das heißt, möglichst viele Menschen mit entsprechenden Pflegegraden zu beherbergen, zeigt sich zum wiederholten Male der Versuch Menschen in deren ‚Nutzenwert' zu fassen und diese für den Prozess der Gewinnoptimierung einzuspannen! Damit einher geht ebenso eine Konkurrenzsituation zwischen den Patienten und deren Angehörigen, um einen Platz in der entsprechenden Einrichtung. So wird, notfalls auch entgegen der Frage, ob die entsprechenden Fachkräfte für eine menschliche und zeitgemäße Betreuung zur Verfügung stehen, der Mensch dem Primat des Gewinns geopfert! Ein Beispiel eignet sich an dieser Stelle gut, um sich diesen Umstand vor Augen zu führen.

Nehmen wir uns eine Situation zweier Familien zur Hand, die beiderseits einen pflegebedürftigen Angehörigen haben und die gleichfalls nicht in der Lage sind ihr Familienmitglied zu Hause betreuen zu können. Doch der erste der beiden Patienten besitzt die Pflegestufe 3, der Letztere, 'lediglich' die Stufe 1. Welchem der Beiden steht die Chance auf einen Heimplatz eher zur Verfügung? Wir dürfen mit ziemlicher Sicherheit davon ausgehen, dass der Patient mit Stufe 3, jenem mit der ersten Stufe ‚voraus ist.' – Aber warum?

Verdeutlichen wir uns den mit den Pflegestufen einhergehenden ‚Aufwand', welcher eine dementsprechende Betreuung mit sich bringen dürfte, so müsste der zweite Patient doch die Zusage erhalten, da dessen zeitliche Betreuung wesentlich geringer ausfällt, als bei jenem mit Stufe drei.[112] Dem ist jedoch nicht so. Weshalb? Weil mit höheren Pflegestufen gleichfalls höhere Zuwendungen staatlicherseits verbunden sind. Folglich lässt sich das Werben um einen Platz im Pflegeheim, auch als

---

[112] Vgl. Krankenkassen-Zentrale: Pflegegrade 2019 – Achtung: neue Stufen gelten, Online verfügbar über:
https://www.krankenkassenzentrale.de/wiki/pflegegrade#, abgerufen am 04.08.2019.

andere Form des Verkaufs von Menschen betrachten!

Eine vergleichbare Situation finden wir vor, wenn wir uns den Umstand des ‚Alterns in den eigenen vier Wänden‘ ansehen. Die Stufe der Bedürftigkeit und die damit zusammenhängende Unterstützung des Staates in Gestalt der Pflegeversicherung, ist nicht weniger vom Urteil über den ‚Wert‘ des jeweiligen Menschen abhängig. Die Frage, ob es sich ‚in Würde altern‘ lässt, muss vor dem Hintergrund jener Veräußerungen des einzelnen Menschen neu gestellt werden! Nicht nur die finanzielle Lage der Angehörigen (welche nebenbei auch eine perfide Strategie der ‚Auslese‘ darstellt und eine Konkurrenzsituation unter den Familien um die besten Heimplätze erzeugt), sondern ebenso die Bestimmung der ‚Bedürftigkeit‘ stellen einen Akt des Selbstverkaufs von Menschen dar, dessen wir uns leider zu selten bewusst werden! Letztlich wird ‚altersgerechtes Wohnen und Leben‘ zu einem Luxusgut, das auf dem fremdbestimmten ‚Nutzenwert'[113] des einzelnen Menschen basiert! – Ein Zustand, der in seiner Dramaturgie unübertrefflich und zugleich in seiner Abartigkeit schwerlich zu fassen scheint.

2. Der „Aktionismus des Alters:"

Das bleibt jedoch nicht die einzige Form der Selbstveräußerung des alternden menschlichen Wesens. Auch die Neigung zum Aktionismus lässt sich unter dem Schlagwort des ‚sich Verkaufens', verstehen. Zunächst möchte ich aber erklären, was ich mit Aktionismus eigentlich meine. Viele ältere Menschen, so meine Beobachtung, haben einen schier unbändigen Drang Dinge erledigen zu wollen. Ob es sich hierbei um Gartenarbeit, den wöchentlichen Einkauf oder auch Hausarbeiten handelt, ist unerheblich. Unabhängig von dem Aspekt der Notwendigkeit [114] einer solchen

---

[113] ‚**Nutzenwert**' meint die Spekulation mit menschlicher Bedürftigkeit (Pflegestufe etc.), mit dem Ziel der Gewinnorientierung.

[114] ‚**Aspekt der Notwendigkeit:**' Muss eine Handlung vorgenommen werden, weil sie notwendig (im Sinne von angebracht) erscheint oder handle ich um ‚gesehen zu werden'/Lob zu erhalten?

Handlung, vollziehen nicht Wenige von ihnen diese Tag ein, Tag aus. *,Was hat das Ganze jetzt mit dem Verkauf des Menschen gemein?'* – Mag sich der Ein oder Andere fragen. Die Antwort ist so simpel wie treffend: der Akt, das heißt, die Handlung selbst respektive [115] deren Ausübung in der Öffentlichkeit, dient dem Zweck, sich selbst als ,tüchtiges Wesen' zu verkaufen! Indem ich selbst handle, in der Erwartung gesehen zu werden, erhoffe ich mir im Moment der Beobachtung durch meine Umwelt eine Wertschätzung - ob nun als fähiger Gärtner, vielseitiger Hausmann/ vielseitige Hausfrau oder schlicht als tüchtiger, hart-arbeitender Mensch – alle diese Aktionen sollen den ,Wert' meinerseits gegenüber der Umgebung erhöhen. Dabei ist es interessant zu betrachten, wie die handelnden Menschen bei den Altersgenossen allzu oft einen ,Dominoeffekt' erzielen: *,Schau, was der/die macht! Da kann ich nicht faul*

---

[115] **respektive**: Synonym für beziehungsweise

rumsitzen, was sollen denn die Nachbarn denken [...]!' Genau dieser immanente Handlungszwang ist letztlich eine Art des Verkaufs seiner selbst. Ich erhalte zwar keinerlei finanziellen Vorteil für meinen Tatendrang, kann mich jedoch der wohlwollenden Worte meiner Umgebung erfreuen und diese gegebenenfalls auch zur Handlung nötigen. An dieser Stelle zeigt sich der zeitlebens verinnerlichte und allseits präsente ‚Primat der Leistung', welcher nun derart automatisiert ist, dass auch ohne den Konkurrenzdruck des Arbeitsalltags er gleichwohl im privaten Bereich zur Anwendung gelangt.

Weiterhin spielen ebenso die sozialen Medien eine zunehmend stärkere Rolle in diesem Komplex. So werden die ‚persönlichen Positionskämpfe'[116] in den nachfolgenden Generationen, wie auch der Meinen, eine immer stärkere Funktion inne haben wenn es darum geht, sich mit seinem Umfeld um ‚das sauberste

---

[116] **‚Persönliche Positionskämpfe'** meint den Wettkampf um die besten Erlebnisse, die schönsten Habseligkeiten und damit verbunden die erwartete Wertzuschreibung durch Andere.

Fahrzeug, die beste Köchin, die exklusivsten Erlebnisse und des schönsten Enkelkindes' messen zu können! Es braucht keine Fantasie um sich denken zu können, dass ein solches Leben ein inhaltlich Bedeutungsloses ist insofern, als dass Menschen sich ausschließlich über die Wertzuschreibung ihrer Umwelt (zumeist noch nicht einmal im persönlichen Kontakt) zu definieren wissen und materielles Hab und Gut zum Mekka der Selbstentfaltung erwächst!

Man könnte geneigt sein zu glauben, der Prozess des Verkaufs von Menschen ende definitiv mit dem Leben des jeweiligen Individuums – doch auch das ist ein Irrtum, wie wir gleich schmerzlich feststellen werden!

3. Das „Geschäft mit dem Tod?"

Der Tod eines nahen Angehörigen oder eines Bekannten ist niemals ‚einfach' zu verkraften und doch ist das was häufig im Anschluss folgt für Viele eine nicht minder schmerzvolle Angelegenheit – das Regeln des Nachlasses. In diesem Punkt offenbart sich der traurige Wahrheitsgehalt der Floskel: *‚Bei Geld hört die Freundschaft auf!'* Nahezu vollkommen blind vor Gier nach dem potentiellen Nachlässen und etwaigen Reichtümern früherer Mitmenschen offenbart sich eine weitere Stufe der Entmenschlichung, die eng mit den bisherigen Schilderungen verknüpft ist. Ich gehe davon aus, dass, bedingt durch die langwierige und kaum ausweichbare Behandlung des Menschen als Verkaufsobjekt in unserer Gesellschaft, sich zugleich auch ein Teil des Verhaltens im Anschluss an das Ableben von nahen Freunden, Bekannten oder gar Angehörigen erklären lässt. Können wir, anhand der hier aufgezeigten Entwicklung uns tatsächlich über eine solch, richtigerweise, ekelhafte Verhaltensweise erzürnen? Oder ist dies eine fast unumgängliche Folge dessen, was ich als ‚tagtägliche Prostitution' am Anfang des Buches bezeichnet habe? Mit ist wichtig zu betonen, dass ich auch hier NICHT bezwecke, das jeweilige Individuum aus der Verantwortung für sein Handeln zu entlassen oder es zu rechtfertigen! Was ich aber für essentiell halte, ist dass wir uns deutlich machen, wohin ein derartiger Lebensweg den Menschen unter Umständen bringen kann. Dass ein Mensch der Zeit seines Lebens als Nutzwert fungiert[117], materielle Dinge zu seinem Lebenselixier macht und seine Dialogfähigkeit längst verloren hat, seine menschlichen Wesenszüge, sprich Emotionen, sein Mitgefühl zwangsweise verliert! Es ist die Kehrseite des Prozesses, den wir Tag für Tag über uns ergehen lassen und den wir teils sogar unterstützen, u.a. in dem wir Menschen mit dem Glauben *,Du bist, was du hast!'* zurücklassen.

Weiterhin ist anzumerken, dass Menschen auch bei der Bestattung selbst zu ‚Objekten' degradiert[118] werden. So wird die Frage nach einem würdigen Abschied

---

[117] **fungieren**: eine bestimmte Funktion, Aufgabe innehaben
[118] **degradieren**: erniedrigen, herabwürdigen

des Nächsten nicht etwa durch die Vorlieben der Angehörigen und Freunde, sondern mittels des finanziellen ‚Backrounds'[119] zementiert! *‚Wer kann sich eine Grabstätte wie lange leisten? Welche Form des Grabes kommt finanziell in Frage? Wann muss die Stätte eingeebnet werden?'* Diese Fragen mögen makaber klingen, sind aber keineswegs die Ausnahme, sondern leider traurige Realität! Ob dahinter finanzielle oder organisatorische Gründe [120] stehen ist nebensächlich. Fakt ist, dass selbst der Tod eines Menschen zum lukrativ-lohnenswerten Geschäftsmodell geworden ist und dass innerhalb dieses ‚Modells' dem Menschen dabei lediglich die Rolle eines bemitleidenswerten, wertgewichteten, Statisten verbleibt!

---

[119] **‚backround' (englisch):** Hintergrund (hier: finanzielle Ausstattung von Menschen)

[120] **organisatorische Gründe:** beispielsweise die Einebnung von Gräbern um neue Grabstätten zu schaffen

3. Resümee: Gibt es einen Ausweg?

Dieses Buch sollte der Frage nach der tagtäglichen ‚Prostitution' eines Jeden von uns nachgehen. Anhand eines beispielhaften Lebensweges habe ich deutlich gemacht, dass die moralisch zwar korrekte, aber an der gesellschaftlichen Realität gemessene Haltung gegenüber dem ‚horizontalen Gewerbe' allenfalls halbherzig ist.

Mit geht es dabei nicht, und ich habe es bereits in den ersten Seiten deutlich auszudrücken versucht, um eine Legitimierung oder ‚Schönfärberei' der Prostitution! Meine Intention war es, den Leser/ die Leserin mit der gesellschaftlichen Realität zu konfrontieren, dass wir uns jeden Tag, auf die verschiedensten Arten und Weisen veräußern, ohne es als solches zu erkennen. Angefangen mit der Namensgebung des Kindes, die schon nach innergesellschaftlichen Aufstiegschancen, in Erwartung des

Wohlwollens meiner Umgebung, gefällt wird. Dieser ,Faden' zieht sich durch die gesamte Kindheit. Ob nun in Gestalt des Hobbys, der Habseligkeiten oder des Freundeskreises, immerzu lässt sich der ,Verkauf des Menschen' nachweisen.

Verknüpft mit den sozialen Medien erlangen jene Konkurrenz- und Wettbewerbssituationen eine noch nie dagewesene Dimension, wieder und wieder werden wir passiv oder aktiv zum Spieler des ,war of talents.' Dieser Umstand führt auch dazu, dass sich Mobbing, Ausgrenzung und Radikalisierung ihren Weg tief in das Bewusstsein des Menschen bahnen.

Mit dem Eintritt in die Schule und der Vergabe von Noten, im Zusammenhang mit der Intelligenz eines Menschen, beginnt jenes Phänomen existentiell zu werden, insofern jetzt auch der künftige Lebensweg mit den Noten festzustehen scheint.

Auch innerhalb der Bewerbungsphase, der Ausbildung sowie des Arbeitslebens selbst, ist dies erkennbar. Die Angst austauschbar und somit ersetzt zu werden, wird zum stetigen Begleiter eines Menschen der heutigen bundesdeutschen Gesellschaft. Wieder hält dieser Wettstreit über die sozialen Medien Einzug ins Private. Sich mit Freunden, Bekannten und Kollegen messen zu wollen; nein, zu müssen(!), wird unerlässlich. Zugleich entfremdet er den Menschen von sich selbst und Anderen. Aus der Enttäuschung des Nachsehens im Wettkampf wächst schnell Trauer, Wut und, wie wir gesehen haben, gleichfalls Hass auf diejenigen, die etwas haben, dass Einem selbst scheinbar verwehrt bleibt. Wie ich sagte, kein Mensch ist damit aus seiner Verantwortung gegenüber sich und seinen Mitmenschen entlassen, jedoch ist es wichtig, sich zu verdeutlichen, dass dieser Prozess eine, wenn nicht gar die Ursache für Hass und Gewalt in der gegenwärtigen Zeit darstellen.

Überdies habe ich gezeigt, dass dieser Vorgang auch vor dem Alter keinesfalls Halt macht und sich die Pflegeproblematik als weitere Kehrseite des Verkaufsprozesses bezeichnen lässt. Selbst im Umgang mit dem Tod ist die materielle Komponente unumgänglich geworden. So ist selbst mit dem Ableben eines Menschen, dessen vermeintlicher ‚Nutzenwert' für seine Umgebung noch von entscheidender Bedeutung.

Mir ist ebenfalls wichtig zu sagen, dass ich hier einen Prozess beschreibe, wie er sich mir auf meinem bisherigen Lebensweg, im Gespräch mit Freunden, Bekannten wie Verwandten offenkundig gezeigt hat. Ob sich für das Gros der Menschen unserer Gesellschaft ein vergleichbares Bild ergibt, kann ich nicht beantworten, dass muss ein jeder Leser für sich selbst entscheiden. Ich denke dennoch, dass mit Hilfe meiner hier aufgezeigten Argumente und teils auch ‚kontroversen Thesen' Menschen beginnen werden, sich und ihr Leben zu hinterfragen, ob nicht doch ein

Funken Wahrheit im Ausverkauf des menschlichen Wesens besteht.

Wie sollen bzw. wollen wir mit einem solchen Prozess umgehen? Ich denke, sofern die Feststellung eines ‚Zeitalter des postmateriellen Denkens' nicht nur eine Phrase ist, sondern mit Leben gefüllt werden kann, Hoffnung auf eine Änderung besteht. Wenn wir alle einen Moment innehalten, uns Zeit nehmen zu reflektieren und das Leben von seinem ausschließlich materiellen Zwängen befreien, dann ist bereits viel gewonnen. Setzt euer Seelenheil nicht auf ‚anonyme Wertschätzung' aus dem Netz! Baut euer Leben nicht auf den ‚neusten teuersten, trendigen Scheiß' und habt Teil am realen Leben. Eltern sollten Sorge tragen ihren Kindern Werte zu vermitteln, nicht Wertgegenstände! Lehrer und Ausbilder sollten Noten als Abfrage eines Wissensstandes, nicht als IQ[121] werten. Und diese Aufzählung lässt sich beliebig erweitern! Ein Jeder von uns ist gefragt,

---

[121] **IQ:** Intelligenzquotient (Maßzahl für intellektuelles Leistungsvermögen)

wenn es darum geht, sich aus dem Zwang der Fremdbestimmung und der ‚Prostitution' zu befreien!

Wie sagte doch einst Karl Marx: *„Die Proletarier haben nichts zu verlieren als ihre Ketten. [...] Sie haben eine Welt zu gewinnen."* [122] Dieses Zitat lässt sich problemlos auf uns alle übertragen.

Literaturverzeichnis:

- **Creutz, Marcus:** Viele Unternehmer sind betriebsblind. Konkurrenz im eigenen Haus wird oft unterschätzt, Online verfügbar über: https://www.handelsblatt.com/unternehm en/management/viele-unternehmer-sind-betriebsblind-konkurrenz-im-eigenen-haus-wird-oft-unterschaetzt/2309320.html?ticket=ST-2236467-GvbggGqFZRvPebpxOxxC-ap6, abgerufen am 17.08.2019.
- **Hahn-Dehm, Bodo:** Schulen unter Konkurrenzdruck. Zur neoliberalen

---

[122] Marx, Karl zitiert nach: Marx, Karl, Friedrich Engels: Das kommunistische Manifest, in: Marx-Engels-Werke, Band 4, Online verfügbar über: http://www.mlwerke.de/me/me04/me04_459.htm#Kap_III_1_c, abgerufen am 17.08.2019, S. 493.

Transformation der Schullandschaft, Frankfurt am Main 2013.

- **Kenter-Götte, Bettina:** Heart's Fear Hartz IV. Geschichten von Armut und Ausgrenzung, Essen 2018.
- **Krankenkassen-Zentrale:** Pflegegrade 2019 – Achtung: neue Stufen gelten, Online verfügbar über: https://www.krankenkassenzentrale.de/ wiki/pflegegrade#, abgerufen am 04.08.2019.
- **Marcuse, Herbert:** Der eindimensionale Mensch. Studien zur Ideologie der fortgeschrittenen Industriegesellschaft, Springe 2014.
- **Marx, Karl, Friedrich Engels:** Das kommunistische Manifest, in: Marx-Engels-Werke, Band 4, Online verfügbar über: http://www.mlwerke.de/me/me04/me04_ 459.htm#Kap_III_1_c, abgerufen am 17.08.2019.
- **Noelle-Neumann, Elisabeth:** Die Schweigespirale. Die öffentliche Meinung – unsere soziale Haut, München 1980.

- **Roth, Winfried:** Konkurrenz. Die Kosten des Wettbewerbs, Online verfügbar über: https://www.deutschlandfunkkultur.de/konkurrenz-die-kosten-des-wettbewerbs.976.de.html?dram:article_id=433055, abgerufen am 17.08.2019.
- **Vergin, Julia:** Psychologie. Whatsapp, Instagram und Co. Soziale Medien setzen Kinder unter Druck, Online verfügbar über: https://www.dw.com/de/whatsapp-instagram-und-co-soziale-medien-setzen-kinder-unter-druck/a-43050622, abgerufen am 12.08.2019.
- **Wahle, Sandra:** Soziale Netzwerke. Wie Social Media die Psyche beeinflusst, Online verfügbar über: https://www.wp.de/leben/digital/wie-social-media-die-psyche-beeinflusst-id215073023.html, abgerufen am 17.08.2019.
- **Wildermuth, Hartmut, Michael Siegmund:** Die Neuerfindung der Schule. Die Befreiung des Menschen von staatlicher Bevormundung durch

Permation und Autonomie, Norderstedt
2012.